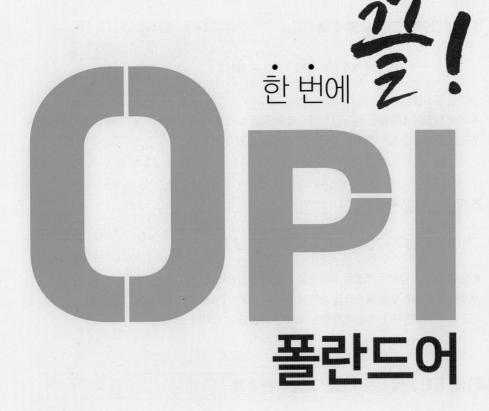

한 번에 끝!

OPI
폴란드어

IL부터 IM까지 합격 노하우!

1. 빈출 주제별 다양한 질문 유형 수록

2. 빈출 주제별 회화문 활용법

3. 꼬리물기를 통한 돌발 질문에 대한 모범 답변 수록

4. **Role Play** 준비하기

1. 빈출 주제별 다양한 질문 유형 수록

Q "답변은 커녕 시험관의 질문조차 귀에 들어오지 않아요."

A 그래서 준비했습니다!
주제별 다양한 질문들을 원어민 발음으로 녹음된 MP3로 반복해서 들으며 귀에 익힐 수 있도록 주제별로 질문 유형을 다양하게 수록해 놓았습니다.

2. 빈출 주제별 회화문 활용법

Q "시험관의 질문에 어떻게 말해야 할 지 모르겠어요."

A 빈출도 높은 다양한 주제별로 회화문을 수록해 놓았습니다.
주제별 회화문에 대한 표현들을 패턴별로 제시하여 단어만 바꾸어도 쉽게 적용할 수 있도록 준비했습니다. 자신에게 맞는 회화문을 만들어 암기해 보세요.

3. 꼬리물기를 통한 돌발 질문에 대한 모범 답변 수록

Q "주제에 대한 꼬리물기 질문이 무서워요."

A 걱정하지 마세요!
주제별 빈출 문제 및 예상 문제 등 자주 출제되는 문제를 정리하고, 꼬리물기 질문에 대비한 모범 답변을 다양하게 준비했습니다. 자신에게 맞는 답변들을 만들어 보고, 연습해 보세요. OPI 시험에 자신감이 생깁니다.

4. Role Play 준비하기

Q "시험관과의 역할극은 어떻게 하는 건가요?"

A 시험의 마지막 단계는 시험관과의 Role Play로 진행됩니다.
MP3 녹음을 통해 학습자가 시험 상황을 간접 체험하고, 모범 답변을 참조하여 질문에 직접 대답해 보며 학습할 수 있도록 하였습니다.

OPI란?

영어의 OPIc 시험에서 c가 빠진, 즉 컴퓨터와의 대화로 평가를 하는 방식이 아닌 시험관과의 1:1 인터뷰 방식으로, 크레듀에서 진행하는 제2외국어 말하기 평가시험입니다.

인터뷰 방식은 보통 꼬리물기로 진행되며, 주제별/상황별로 본인의 이야기를 해당 언어로 정확하고 자연스럽게 이야기해야 합니다. Native Speaker가 20~30분 동안 Interviewee의 수준에 따라 일상적인 화제(가족, 취미 등)부터 추상적이고 전문적인 내용까지 다양한 질의응답과 Role Play를 통해 가능한 언어적 기능(묘사, 설명, 설득 등), 대응 가능한 화제 영역, 사용 언어의 정확성(발음, 어휘, 문법 등), 문장 구성 형태(단문, 복문 등) 등의 종합적인 능력에 따라 등급을 판정합니다.

OPI 상세 등급

상세 등급	내용
NL (Novice Low)	의사 표현이 불가능한 수준입니다.
NM (Novice Mid)	기본 문장 구성이 가능한 수준으로, 기초적인 의사 표현만 가능하고 상대 답변에 대한 이해력은 어려움이 있습니다.
NH (Novice High)	발음이 어색하지만 기초적인 의사 표현은 가능한 수준으로, 문장이 길어지면 어순 오류가 잦고 유창성이 떨어집니다.
IL (Intermediate Low)	주요 문형을 이해하고 정확한 문장 구조에 맞게 문장을 구사할 수 있는 단계로, 정해진 양식에 맞춰 이메일 작성 등 간단한 내용을 전달할 수 있습니다.
IM (Intermediate Mid)	익숙한 화제에 대해 짧지만 비교적 자연스럽고 구체적인 설명이 가능한 단계로, 1:1 응대가 가능하고 회의에서 전체적인 맥락을 파악할 수 있습니다.
IH (Intermediate High)	일상의 화제에서 다양한 문형과 어휘 사용이 가능한 단계로, 원어민과 비교적 오랜 시간 대화가 가능하고 일반적인 업무 커뮤니케이션에 무리 없이 대응할 수 있습니다.
AL (Advanced Low)	일반적인 화제에 대해 적극적으로 대응이 가능하며 원어민과의 의사소통에 전혀 문제가 없는 단계로, 준비된 프레젠테이션 진행이 가능합니다.
AM (Advanced Mid)	일상회화에서 전혀 문제가 없는 단계로, 고급 어휘와 표현 등을 듣고 이해할 수 있으며, 적절하게 활용이 가능합니다.
AH (Advanced High)	원어민과의 의사소통에 전혀 불편함이 없는 단계로, 자신의 의사를 충분히 표현할 수 있고 고급 어휘 및 문형을 이해하고 표현이 가능합니다.
Superior	원어민 또는 원어민에 상응하는 의사소통 능력을 갖추고 있는 단계입니다.

학습 요령

1. IL부터 IM까지 체계적인 단계별 학습

기초 문형을 이해할 수 있는 IL 수준에서 원어민과 비교적 구체적인 설명이 가능한 IM 수준까지 차근차근 단계별로 학습할 수 있도록 쉽고 체계적으로 준비되어 있습니다.

2. 반복 듣기 연습

다양한 질문 유형들을 MP3를 통해 반복해서 듣고 예상 답변을 연습함으로써, 실전에서 시험관의 질문에 당황하지 않고 의연하게 답변할 수 있게 해줍니다.

3. 말하기

폴란드어는 성/수/격이 매우 중요합니다. 특히, 명사의 남성/중성/여성을 구분하여 익혀두고 일상 회화로 연결하는 연습을 해야 합니다.

① 반복 하기

본문의 내용을 반복해서 듣고 따라하는 연습을 해보세요.

② 응용 연습

본 교재는 주격을 위주로 패턴별 다른 표현들을 넣어두었기 때문에 어울리는 전치사에 따라서 어미 변형을 자유롭게 활용하여 연습하는 것이 중요합니다.
'만들어 보세요' 코너를 적극 활용하고 자신에게 맞는 응용 표현을 선택해서 자신만의 답변을 만들어 보세요.

4. 암기 요령

폴란드어는 일정한 패턴이 있습니다. 본 교재에서는 일상회화에서 자주 나오는 표현들을 담아 구성하였습니다. 따라서 본문을 듣고 원어민 발음을 반복 연습하여 제시된 내용이 자연스럽게 표현될 수 있을 정도로 익혀야 합니다. 그 후, 자신의 상황에 맞는 스크립트를 만들어서 연습하고 녹음도 해보세요. 자신의 음성을 녹음해서 들으면 객관적 입장에서 확인할 수 있으므로, 더 자연스럽고 높은 학습 효과를 얻을 수 있습니다.

폴란드어 OPI 시험은 약 20분~30분 정도의 말하기 평가로 이루어집니다. 시험은 크게 3가지 영역으로 **기본 질문**(Basic Question)과 **시사 질문**(Issue Question), **역할극**(Role Play)으로 구성됩니다.

시험 내용	시간	시험 내용	시간	시험 내용	시간
1. 기본 질문	약 15분	2. 시사 질문	약 10분	3. 롤플레이	약 5분

성적 결과

• 성적 결과는 시험일로부터 약 2주일 이후 오픽 공식 홈페이지(http://www.opic.or.kr)에서 확인하실 수 있습니다.
• OPI 성적은 시험일로부터 2년간 유효합니다.

高 고득점 획득 비법

OPI 폴란드어 시험에서 **고득점**을 받기 위해서는 다음 3가지 부분이 가장 중요합니다.

1. 스크립트 작성

OPI 폴란드어 시험에서 최소 IL을 받기 위해 가장 중요한 것은 스크립트의 체계적인 작성입니다. 스크립트를 작성할 때 시험관이 미리 질문할 것 같은 포인트를 만들어 놓고 작성하는 것이 중요합니다.

2. 스크립트 암기

OPI 폴란드어의 경우, 작성한 스크립트 전체를 암기하고 암기한 내용을 바탕으로 꼬리물기와 같은 질문에 대한 답변을 연습하는 것이 좋습니다. 시험관에 따라 다르지만, 질문한 내용을 바탕으로 꼬리물기가 이어지는 경우가 많기 때문입니다. 자신에게 맞는 스크립트를 만든 후, 답변한 내용을 녹음해서 들어보는 방식으로 연습한다면 IL은 어렵지 않게 받을 수 있습니다.

3. 주요 질문과 키워드 파악

폴란드어에서 핵심은 동사와 목적어입니다. 시험관의 발음과 말하기 속도가 빨라서 전체적인 질문의 내용을 이해하지 못했다면, 핵심 동사(맨 앞)와 목적어(맨 뒤) 단어들을 위주로 듣고 질문 내용을 유추할 수 있습니다.

본 교재는 폴란드어의 복잡한 성(性)구조로 인하여 남성을 기준으로 집필되었습니다. 폴란드어의 가장 기본이 되는 '성'은 OPI에서 가장 기초가 되는 부분이므로 여성일 경우, 아래 내용 또는 부록 〈문법〉을 참고하여 변경해 보세요. 204p. 참고

● 명사를 꾸며주는 역할의 형용사

형용사 + 명사
남성명사 (자음) + 남성형용사 (대표어미 y : 형용사가 k 또는 g로 끝난 경우 i)
중성명사 (o, e, ę, um) + 중성형용사 (대표어미 e : 형용사가 k 또는 g로 끝난 경우 ie)
여성명사 (a, i) + 여성형용사 (대표어미 a)

● 형용사의 서술적 역할

주어 + być 동사 + 보어(형용사)
남성명사 (자음) + być 동사 + 남성형용사 (대표어미 y : 형용사가 k 또는 g로 끝난 경우 i)
중성명사 (o, e, ę, um) + być 동사 + 중성형용사 (대표어미 e : 형용사가, k 또는 g로 끝난 경우 ie)
여성명사 (a, i) + być 동사 + 여성형용사 (대표어미 a)
가리키는 대상이 남성일 때 + być 동사 + 남성형용사
가리키는 대상이 여성일 때 + być 동사 + 여성형용사

On   jest   wysoki   (그는 키가 크다)
                           (남성형용사) ↓
주어   3인칭 동사   k로 끝났기 때문에 i가 붙는다.

Dziecko   jest   wysokie   (아이는 키가 크다)
                               (중성형용사) ↓
주어   3인칭 동사   Dziecko가 k로 끝났고, o는 중성명사이므로 형용사에 ie가 붙는다.

Ona   jest   wysoka   (그녀는 키가 크다)
                           (여성형용사) ↓
주어   3인칭 동사   Ona는 여성이므로 형용사에 a가 붙는다.

Jestem wysoki.   나는 키가 크다. (내가 남자일 때)

Jestem wysoka.   나는 키가 크다. (내가 여자일 때)

이때 중요한 것은 단어의 의미에 따라서 남성/중성/여성으로 바뀌는 것이 아니라, 단어의 어미가 무엇으로 끝나느냐에 따라서 '남성/중성/여성 명사'로 결정되는 것입니다. 또한 이야기를 할 때 가리키는 대상이 남성일 때는 남성 어미로, 여성일 때에는 여성 어미로 변합니다.

한 번에 끝! OPI 폴란드어

한 번에 **끌!**

한 번에
OPI
폴란드어

김아름 지음

ECK Books

OPI 한 번에 끝! 폴란드어

초판인쇄	2020년 06월 05일
초 판 2 쇄	2023년 12월 01일

지 은 이	김아름
원 어 감 수	피오트르 로바친스키(Piotr Robaczyński)
펴 낸 이	임승빈
편 집 책 임	정유항, 김하진
편 집 진 행	이승연
디 자 인	다원기획
마 케 팅	염경용, 이동민, 이서빈

펴 낸 곳	ECK북스
주 소	서울시 마포구 창전로2길 27 [04098]
대 표 전 화	02-733-9950
홈 페 이 지	www.eckbooks.kr
이 메 일	eck@eckedu.com
등 록 번 호	제 2020-000303호
등 록 일 자	2000. 2. 15

I S B N	978-89-92281-96-6
정 가	20,000원

지은이의 말

폴란드로 진출하는 국내 기업이 급상승함에 따라, 폴란드어의 중요성은 시간이 갈수록 높아지고 있습니다. 폴란드의 현지 관공서에서는 모든 업무를 폴란드어로 처리하며, 폴란드어를 구사하는 외국인에게 더 많은 호감과 관심을 표하고 있습니다. 그러므로 폴란드어는 점점 선택이 아닌 필수가 되어가고 있습니다. 『한 번에 끝! OPI 폴란드어』는 OPI 시험에 나오는 모든 문제 유형 등을 집약하여 만든 OPI 시험 맞춤형 교재입니다. 그동안 OPI 강의를 진행하며 수집한 빈출도 높은 질문 유형과 답변에 대한 핵심 표현들로만 구성했습니다.

1. 다양한 질문 유형

시험관마다 같은 질문을 다른 방식으로 물어볼 수 있기 때문에, 빈출도 높은 질문을 다양한 질문 유형으로 준비했습니다.

2. 스크립트형 답변과 꼬리물기 코너

패턴별로 다른 표현들을 대입할 수 있도록 '스크립트형 답변'과 '꼬리물기 코너'를 별도로 준비했습니다.

『한 번에 끝! OPI 폴란드어』는 쉬운 방법으로 OPI 폴란드어를 최소 레벨 IL에서 최대 IM까지 단기간에 달성할 수 있도록 구성했습니다. 특히, 추가로 나올 수 있는 돌발질문을 세분화했으므로 본 교재로 단기간에 원하는 목표를 달성할수 있을 것이라고 확신합니다.

끝으로 OPI 강의를 진행하면서 고민하여 만든 교안들을 모두 취합하여 교재로 출간할 수 있게 도와주신 ECK교육 임승빈 대표님께 감사 인사드립니다. 더불어, 저를 믿고 열심히 따라와 주신 OPI 강의 학습자분들께도 감사 인사를 전하고 싶습니다.

지은이 **김아름**

이 책의 *구성과 특징*

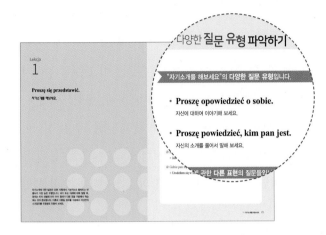

다양한 질문 유형 파악하기

시험관의 질문 유형을 다양하게 제시함으로써, 어떤 형식으로 질문을 하더라도 바로 인지할 수 있도록 주제별 여러 질문 유형을 알아봅니다.

주제별 회화문

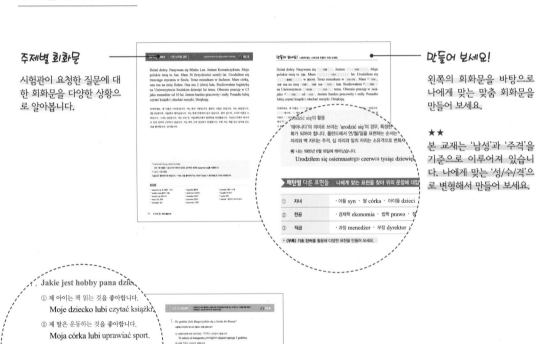

주제별 회화문

시험관이 요청한 질문에 대한 회화문을 다양한 상황으로 알아봅니다.

만들어 보세요!

왼쪽의 회화문을 바탕으로 나에게 맞는 맞춤 회화문을 만들어 보세요.

★★

본 교재는 '남성'과 '주격'을 기준으로 이루어져 있습니다. 나에게 맞는 '성/수/격'으로 변형해서 만들어 보세요.

꼬리물기

자주 출제되는 문제의 주제별 예상 질문 및 돌발 질문에 대한 모범 답변을 제시합니다. 모범 답변을 나에게 맞게 수정하여 반복적으로 익혀 보세요.

Role Play

OPI 시험의 마지막 단계로, 빈출도 높은 가상의 상황극을 알아봅니다.

상황 Box

Role Play를 시작하기 위해 빈출도 높은 가상의 상황을 제시합니다.

질문과 답변

가상의 상황에 대한 시험관의 가상 질문과 그에 따른 모범 답변을 알아봅니다.

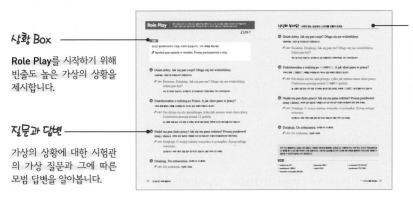

상상해 보세요!

왼쪽의 모범 답변을 응용하여 나에게 맞는 맞춤 답변을 상상해서 만들어 보세요. 빈 칸의 단어만 바꾸어 상황을 자유롭게 변형할 수 있습니다.

❶　❷　❸　❹

꿀팁! 부록

① 다양한 질문 유형 한눈에 보기 : 평가문항 표에 맞춰 「도입–수준 체크–역할극–탐색」 순으로 다양한 질문 유형을 확인합니다.

② 같은 질문, 다른 표현　　　　 : 같은 의미를 가진 출제 빈도 높은 다양한 표현의 질문들을 알아봅니다.

③ 폴란드어의 핵심 문법　　　　 : 초급 단계에서 알아야 하는 기초 필수 문법을 다양한 예문과 함께 알아봅니다.

④ 기초 단어　　　　　　　　　 : 대체할 수 있는 다양한 기초 단어들이 수록되어 있습니다.

 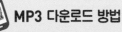

MP3 다운로드 방법

본 교재의 **MP3** 파일은 www.eckbooks.kr에서 무료로 다운로드 받을 수 있습니다.

QR코드를 찍으면 다운로드 페이지로 이동합니다.

| Contents |

1

Proszę się przedstawić.

자기소개를 해보세요.

자기소개에 대한 질문은 OPI 시험에서 기본적으로 출제되는 빈
출도가 가장 높은 유형입니다. 과거 또는 미래에 대해 말할 때,
말하는 이의 성별에 따라 어미 형태가 다른 것을 구분해서 학습
하는 것이 중요합니다. 미혼과 기혼일 경우를 구분해서 자신만의
스크립트를 유형별로 만들어 보세요.

다양한 질문 유형 파악하기

"자기소개를 해보세요"의 다양한 질문 유형입니다. 🎧 01-1

- **Proszę opowiedzieć o sobie.**

  자신에 대하여 이야기해 보세요.

- **Proszę powiedzieć, kim pan jest.**

  자신의 소개를 풀어서 말해 보세요.

"자기소개"에 관한 다른 표현의 질문들입니다. 🎧 01-2

시험관의 질문에는 단답형 보다 아래의 답변 뒤에 준비한 스크립트를 자연스럽게 이어서 답변하는 것이 좋습니다.
추가 질문이 답변한 스크립트 안에서 나올 수 있도록 질문을 유도하는 것이 중요합니다.

① Jak się pan nazywa? 당신의 이름은 무엇입니까?

➡ Nazywam się Sungjae Lee. 제 이름은 이성재입니다.

② Ile pan ma lat? 당신의 나이는 몇 살입니까?

➡ Mam 34 lata. 제 나이는 34살입니다.

③ Skąd pan jest? 당신은 어디 출신입니까?

➡ Jestem z Korei Południowej. 저는 한국 출신입니다.

④ Gdzie pan się urodził? 당신은 어디에서 태어났습니까?

➡ Urodziłem się w Seulu. 저는 서울에서 태어났습니다.

Dzień dobry. Nazywam się Minho Lee. Jestem Koreańczykiem. Moje polskie imię to Jan. Mam 36 (trzydzieści sześć) lat. Urodziłem się trzeciego stycznia w Seulu. Teraz mieszkam w Incheon. Mam córkę, ona ma na imię Sohee. Ona ma 2 (dwa) lata. Studiowałem logistykę na Uniwersytecie Seulskim dziesięć lat temu. Obecnie pracuję w CJ jako menedżer od 10 lat. Jestem bardzo pracowity i miły. Ponadto lubię czytać książki i słuchać muzyki. Dziękuję.

안녕하세요. 제 이름은 이민호입니다. 저는 한국 사람입니다. 폴란드 이름은 얀입니다. 저는 36살입니다. 1월 3일생이며, 서울에서 태어났습니다. 저는 현재 인천에서 살고 있습니다. 딸이 있으며, 그녀의 이름은 소희입니다. 그녀는 2살입니다. 저는 10년 전, 서울대학교에서 물류학을 전공했습니다. 지금은 CJ에서 매니저로 10년 전부터 근무하고 있습니다. 저는 매우 근면 성실하고 친절합니다. 또한 저는 책을 읽고 음악을 듣는 것을 좋아합니다. 감사합니다.

---

* nazywać się *vs.* mieć na imię
  모두 '제 이름은 ~입니다'의 의미가 있지만, 공식적인 표현은 nazywać się를 사용합니다.

* lubić + 동사원형
'lubić'은 '좋아하다'란 뜻입니다. '~하는 것을 좋아하다'라는 의미로 「lubić + 동사원형」의 구조로 표현합니다.

단어

- nazywać się 제 이름은 ~이다
- polskie imię 폴란드 이름
- urodzić się 태어나다
- teraz 지금, 현재
- mieszkać 살다

- logistyka 물류학
- studiować 전공하다
- menedżer 매니저
- pracować 일하다
- pracowity 근면한

- ponadto 게다가, 또한
- książki 책 (복수)
- czytać 읽다
- słuchać ~를 듣다 (소유격 동사)

만들어 보세요! 나에게 맞는 스토리로 만들어 외워 보세요.

Dzień dobry. Nazywam się ⬚(이름)⬚ . Jestem ⬚(국적)⬚ . Moje polskie imię to ⬚(이름)⬚ . Mam ⬚(나이)⬚ lat. Urodziłem się ⬚(출생일)⬚ w ⬚(출생 지역)⬚ . Teraz mieszkam w ⬚(사는 지역)⬚ . Mam ① ⬚(자녀)⬚ , ⬚(성별)⬚ ma na imię ⬚(이름)⬚ . ⬚(성별)⬚ ma ⬚(나이)⬚ lata. Studiowałem ② ⬚(전공)⬚ na Uniwersytecie ⬚(학교명)⬚ ⬚(기간)⬚ temu. Obecnie pracuję w ⬚(회사명)⬚ jako ③ ⬚(직급)⬚ od ⬚(기간)⬚ . Jestem bardzo pracowity i miły. Ponadto lubię czytać książki i słuchać muzyki. Dziękuję.

안녕하세요. 제 이름은 ⬚ 입니다. 저는 ⬚ 사람입니다. 폴란드 이름은 ⬚ 입니다. 저는 ⬚ 살입니다. ⬚ 생이며, ⬚ 에서 태어났습니다. 저는 현재 ⬚ 에서 살고 있습니다. ① ⬚ 있으며, ⬚ 의 이름은 ⬚ 입니다. ⬚ 는 ⬚ 살입니다. 저는 ⬚ 전, ⬚ 에서 ② ⬚ 을 전공했습니다. 지금은 ⬚ 에서 ③ ⬚ 로 ⬚ 전부터 근무하고 있습니다. 저는 매우 근면 성실하고 친절합니다. 또한 저는 책을 읽고 음악을 듣는 것을 좋아합니다. 감사합니다.

---

* urodzić się의 활용

'태어나다'의 의미로 쓰이는 'urodzić się'의 경우, 특정한 날을 표현하는 것이므로, 뒤에 나오는 '생/년/월/일'은 소유격으로 격 변화가 되어야 합니다. 폴란드에서 연/월/일을 표현하는 순서는 「일-월-연」이 공식적 표기이며, '날짜'와 '월'은 소유격, '연도'에서 천 자리와 백 자리는 주격, 십 자리와 일의 자리는 소유격으로 변화시킵니다.

⑩ 나는 1985년 6월 18일에 태어났습니다.

Urodziłem się osiemnastego czerwca tysiąc dziewięćset osiemdziesiątego piątego roku.

▶ **패턴별** 다른 표현들 | 나에게 맞는 표현을 찾아 위의 문장에 대입시켜 보세요.

①	자녀	· 아들 syn · 딸 córka · 아이들 dzieci
②	전공	· 경제학 ekonomia · 법학 prawo · 정보학 informatyka · 행정학 administracja
③	직급	· 과장 menedżer · 부장 dyrektor · 사장 prezes

* 〈부록〉 기초 단어를 활용해 다양한 표현을 만들어 보세요.

Dzień dobry. Nazywam się Saeyeon Lee. Jestem z Busan w Korei Południowej. Jestem singielką i jeszcze nie wyszłam za mąż. Studiowałam informatykę w Seulu. Mam młodszą siostrę, ona jest lekarką. Moja rodzina mieszka w Busan. Ja mieszkam i pracuję tutaj w Seulu. Teraz zajmuję się informatyką w LG Chem. Pracuję w tej firmie już od 5 lat. Gdy mam wolny czas lubię spacerować z moim psem i uprawiać sport. Dziękuję.

안녕하세요. 저의 이름은 이새연입니다. 저는 한국의 부산 출신입니다. 저는 싱글이며 아직 결혼하지 않았습니다. 서울에서 컴퓨터 공학을 전공했습니다. 저는 여동생이 있고, 그녀는 의사입니다. 제 가족은 부산에서 살고 있습니다. 저는 서울에서 살고 이곳 서울에서 근무를 합니다. 현재 저는 LG화학에서 IT를 담당하고 있습니다. 저는 벌써 5년 전부터 이 회사에서 일하고 있습니다. 여유 시간이 있을 때 강아지와 산책하고 운동하는 것을 좋아합니다. 감사합니다.

* studiować *vs.* uczyć się

studiować는 뒤에 목적격으로 어미 변형이 이루어지며 '대학에서 학문을 전공하다'라는 의미를 가지고 있습니다.
uczyć się는 뒤에 소유격으로 어미 변형이 이루어지며 '~를 배운다'는 의미로 사용됩니다. 이때, się이 없으면 '~를 가르친다'의 의미가 됩니다.

단어

- singiel/singielka 싱글 남/녀
- ożenić się/wyjść za mąż 결혼하다(남/여)
- brat/siostra 형, 오빠/누나, 언니, 여동생
- zajmować się/pracować 담당하다/일하다
- spacerować 산책하다
- uprawiać sport 운동하다

만들어 보세요! 나에게 맞는 스토리로 만들어 외워 보세요.

Dzień dobry. Nazywam się ⬚(이름) . Jestem z ⬚(출신 지역) w Korei
Południowej. Jestem singielką i jeszcze nie wyszłam za mąż.
Studiowałam ⬚(전공) w ⬚(지역) . Mam ① ⬚(형제/자매) , ⬚(성별) jest
② ⬚(직업) . Moja rodzina mieszka w ⬚(사는 지역) . Ja mieszkam i pracuję tutaj
w ⬚(근무 지역) . Teraz zajmuję się informatyką w ⬚(회사명) . Pracuję w tej
firmie już od ⬚(근무 기간) . Gdy mam wolny czas lubię spacerować z moim
psem i uprawiać sport. Dziękuję.

안녕하세요. 저의 이름은 ⬚ 입니다. 저는 한국의 ⬚ 출신입니다. 저는 싱글이며 아직 결혼하지 않았
습니다. ⬚ 에서 ⬚ 을 전공했습니다. 저는 ① ⬚ 이 있고, ⬚ 는 ② ⬚ 입니다. 제 가족은
⬚ 에서 살고 있습니다. 저는 서울에서 살고 이곳 ⬚ 에서 근무를 합니다. 현재 저는 ⬚ 에서 IT를
담당하고 있습니다. 저는 벌써 ⬚ 전부터 이 회사에서 일하고 있습니다. 여유 시간이 있을 때 강아지와 산
책하고 운동하는 것을 좋아합니다. 감사합니다.

패턴별 다른 표현들 | 나에게 맞는 표현을 찾아 위의 문장에 대입시켜 보세요.

①	형제/자매	• 형, 오빠 / 남동생 starszy brat / młodszy brat • 언니, 누나 / 여동생 starsza siostra / młodsza siostra	
②	직업	• 배우(남/여) aktor / aktorka • 의사(남/여) lekarz / lekarka • 선생(남/여) nauczyciel / nauczycielka • 기자(남/여) dziennikarz / dziennikarka • 가수(남/여) piosenkarz / piosenkarka	• 건축가 architekt • 교수 profesor • 사진사 fotograf • 기술자 inżynier • 음악가 muzyk

※ 〈부록〉 기초 단어를 활용해 다양한 표현을 만들어 보세요.

1. **Jakie jest hobby pana dziecka?** 당신 아이의 취미는 무엇입니까?

  ① 제 아이는 책 읽는 것을 좋아합니다.

    Moje dziecko lubi czytać książki.

  ② 제 딸은 운동하는 것을 좋아합니다.

    Moja córka lubi uprawiać sport.

2. **Czy pana dziecko chodzi do szkoły?** 당신 아이는 학교에 다닙니까?

  ① 네, 아이는 초등학교/중학교/고등학교에 다니고 있습니다.

    Tak, ono chodzi do szkoły podstawowej/gimnazjum/liceum.

  ② 아니요, 제 아이는 이제 겨우 2살입니다. 제 아내가 집에서 아이를 돌보고 있습니다.

    Nie, moje dziecko ma tylko 2 lata, moja żona opiekuje się dzieckiem w domu.

3. **Co pana żona lubi robić?** 당신 아내는 무엇을 하는 것을 좋아하나요?

  ① 그녀는 가족을 위해 요리하는 것을 좋아하고, 요리를 아주 잘합니다.

    Ona lubi gotować dla rodziny i bardzo dobrze gotuje.

  ② 제 아내는 외국어를 배우는 것을 좋아합니다.

    Moja żona lubi uczyć się języków obcych.

4. **Czym zajmuje się pana żona?** 당신의 아내는 무슨 일을 하나요?

  ① 그녀는 선생님입니다.

    Ona jest nauczycielką.

  ② 그녀는 살림을 합니다.

    Ona zajmuje się domem.

1. Ile godzin (Jak długo) jedzie się z Seulu do Busan?

서울에서 부산까지 몇 시간 (얼마나 오래) 걸리나요?

① 교통수단에 따라 다르지만, 기차로는 3시간이 걸립니다.

To zależy od transportu, pociągiem dojazd zajmuje 3 godziny.

② 보통 차로는 5시간이 걸립니다.

Zazwyczaj jedzie się 5 godzin samochodem.

2. Jakie hobby ma pani siostra? 당신 여동생의 취미는 무엇인가요?

① 그녀의 취미는 조깅입니다.

Jej hobby to bieganie.

② 제 동생은 컴퓨터 게임하는 것을 좋아합니다.

Moja siostra lubi grać na komputerze.

3. Czym zajmują się pani rodzice? 당신 부모님은 무슨 일은 하고 있나요?

① 제 부모님은 이제 일을 하지 않습니다. 정년퇴임을 하셨습니다.

Moi rodzice już nie pracują. Oni są na emeryturze.

② 제 부모님은 식당을 운영하고 있습니다. 그들은 함께 그 식당에서 일하고 있습니다.

Moi rodzice mają własną restaurację. Pracują razem w tej restauracji.

4. Kiedy ma pani zamiar wziąć ślub? 당신은 언제 결혼할 계획인가요?

① 아직 결혼 생각이 없습니다.

Jeszcze nie myślę o ślubie.

② 저는 일 년 후에 결혼을 계획하고 있습니다.

Planuję wziąć ślub za rok.

Role Play

OPI 시험을 마치기 전 마지막 코스로 '롤플레이'를 진행하게 됩니다. 하나의 상황을 시험관이 제시하고 해당 역할을 주면,
그 역할의 인물이 되어 시험관과 함께 '역할극'을 하게 됩니다. 주어진 상황에 맞게 역할극을 연습해 보세요.

🎧 01-7

상황

당신은 엘리베이터에서 이웃을 우연히 만났습니다. 그와 대화를 해보세요.

🎙 **Spotkał pan sąsiada w windzie. Proszę porozmawiać z nim.**

Ja **Dzień dobry. Jak się pan czuje? Długo się nie widzieliśmy.**

안녕하세요. 그동안 잘 지내셨나요? 오랜만입니다.

🎙 시험관 **Świetnie. Dziękuję. Jak się pan ma? Długo się nie widzieliśmy.
Gdzie pan był?**

저는 잘 지내고 있습니다. 감사합니다. 잘 지내셨나요? 오랜만이에요. 어디 다녀오셨나요?

Ja **Podróżowałem z rodziną po Polsce. A jak idzie panu w pracy?**

가족과 함께 폴란드 여행을 다녀왔습니다. 하시는 일은 어떻게 진행되고 있나요?

🎙 시험관 **Nie dzieje się nic specjalnego, tylko jak zawsze mam dużo pracy.
Codziennie pracuję ponad 12 godzin.**

늘 그렇듯 요즘 일이 너무 많은 것 외에는 별다른 일은 없네요. 하루에 12시간 넘게 일을 하고 있습니다.

Ja **Nadal ma pan dużo pracy! Jak się ma pana rodzina? Proszę pozdrowić
żonę i dzieci.** 여전히 일이 많군요! 가족들은 모두 잘 지내나요? 아내와 아이들에게 안부 전해 주세요.

🎙 시험관 **Dziękuję. U mojej rodziny wszystko w porządku. Życzę miłego
wieczoru.**

감사합니다. 저희 가족도 별일 없이 잘 지내고 있습니다. 좋은 저녁 시간 되세요.

Ja **Dziękuję. Do zobaczenia.** 감사합니다. 또 뵐게요.

🎙 시험관 **Do widzenia.** 안녕히 가세요.

Ja Dzień dobry. Jak się pan czuje? Długo się nie widzieliśmy.

안녕하세요. 그동안 잘 지내셨나요? 오랜만입니다.

🖊시험관 Świetnie. Dziękuję. Jak się pan ma? Długo się nie widzieliśmy. Gdzie pan był?

저는 잘 지내고 있습니다. 감사합니다. 잘 지내셨나요? 오랜만이에요. 어디 다녀오셨나요?

Ja Podróżowałem z rodziną po ＿＿(여행지)＿＿. A jak idzie panu w pracy?

가족과 함께 ＿＿(여행지)＿＿ 여행을 다녀왔습니다. 하시는 일은 어떻게 진행되고 있나요?

🖊시험관 Nie dzieje się nic specjalnego, tylko jak zawsze mam dużo pracy. Codziennie pracuję ponad ＿＿(시간)＿＿ godzin.

늘 그렇듯 요즘 일이 너무 많은 것 외에는 별다른 일은 없네요. 하루에 ＿＿(시간)＿＿ 넘게 일을 하고 있습니다.

Ja Nadal ma pan dużo pracy! Jak się ma pana rodzina? Proszę pozdrowić żonę i dzieci. 여전히 일이 많군요! 가족들은 모두 잘 지내나요? 아내와 아이들에게 안부 전해 주세요.

🖊시험관 Dziękuję. U mojej rodziny wszystko w porządku. Życzę miłego wieczoru.

감사합니다. 저희 가족도 별일 없이 잘 지내고 있습니다. 좋은 저녁 시간 되세요.

Ja Dziękuję. Do zobaczenia. 감사합니다. 또 뵐게요.

🖊시험관 Do widzenia. 안녕히 가세요.

안부 인사 롤플레이는 실제로 OPI 폴란드 시험에서 빈번하게 출제되는 유형입니다. 오랜만에 만난 이웃 또는 지인과 자연스럽게 일상 대화를 할 수 있는지를 파악하기 위한 질문이므로, 기본적인 일상생활 및 안부 인사에 대한 표현을 활용하여 자연스러운 대화를 이끌어갈 수 있도록 연습하는 것이 중요합니다.

단어

- widzieć się 보다
- podróżować 여행하다
- wszystko w porządku 별일 없다
- pracować 일하다
- nadal 여전히
- co słychać? 잘 지내나요?
- pozdrawiać 안부 전하다

Jakie jest pana hobby?

당신의 취미는 무엇입니까?

취미 관련 문제는 자기소개 다음으로 가장 많이 출제되는 유형입니다. 육하원칙에 따라 나올 수 있는 질문들에 대한 답을 미리 준비해서 꼬리물기 질문까지 대비해 보세요.

다양한 질문 유형 파악하기

🎧 02-1

"당신의 취미는 무엇입니까?"의 다양한 질문 유형입니다.

- **Co pan lubi robić w czasie wolnym?**

  당신은 여가시간에 무엇을 하는 것을 좋아합니까?

- **Kiedy chciałby pan uprawiać hobby?**

  당신은 언제 취미생활을 하고 싶습니까?

- **Z kim chciałby pan uprawiać swoje hobby?**

  당신은 자신의 취미를 누구와 함께 하고 싶습니까?

🎧 02-2

"당신의 취미는 무엇입니까?"에 관한 다른 표현의 질문들입니다.

시험관의 질문에는 단답형 보다 아래의 답변 뒤에 준비한 스크립트를 자연스럽게 이어서 답변하는 것이 좋습니다. 추가 질문이 답변한 스크립트 안에서 나올 수 있도록 질문을 유도하는 것이 중요합니다.

① Z kim pan uprawia hobby? 당신은 누구와 함께 취미생활을 합니까?

➡ Zazwyczaj uprawiam hobby ze znajomymi. 저는 보통 지인들과 취미활동을 합니다.

② Kiedy pan uprawia swoje hobby?

당신은 언제 취미생활을 합니까?

➡ W tygodniu nie mam dużo czasu, dlatego wolę uprawiać hobby w weekend. 저는 평일에는 시간이 많지 않기 때문에 주말에 취미생활을 즐기는 편입니다.

③ Gdzie pan uprawia hobby? 당신은 어디에서 취미생활을 합니까?

➡ Niedaleko mojego domu jest park. Tam lubię uprawiać sport.

집 근처에 공원이 있습니다. 저는 거기에서 운동 하는 것을 좋아합니다.

Lubię gotować koreańskie potrawy dla rodziny. W tygodniu mam niewiele czasu dla rodziny. Mogę gotować tylko w weekendy. Szczerze mówiąc, nie umiem gotować dobrze, dlatego zawsze potrzebuję przepisu. Ostatnio ugotowałem zupę z kimchi dla rodziny. Zupa z kimchi to tradycyjna koreańska potrawa. To jest bardzo ostre. Moja żona bardzo lubi pikantne potrawy. W ten weekend planuję jechać do sklepu, żeby robić zakupy. Chcę kupić świeże składniki, np. mięso, warzywa i sos sojowy. Ugotuję na kolację bulgogi dla rodziny.

저는 가족을 위해 한국 음식을 요리하는 것을 좋아합니다. 주중에는 가족과 보낼 시간이 많지 않습니다. 그래서 주말에만 요리할 수 있습니다. 솔직히 말하면, 요리를 잘하는 편이 아니라서 늘 레시피가 필요합니다. 최근에는 가족을 위해 김치찌개를 요리해 보았습니다. 김치찌개는 한국 전통음식입니다. 이 음식은 아주 맵습니다. 저의 아내는 매운 음식을 매우 좋아합니다. 이번 주말에는 장을 보러 가게에 갈 예정입니다. 저는 신선한 재료, 예를 들어 고기, 채소, 간장 등을 사고 싶습니다. 가족을 위해 저녁 식사로 불고기를 요리할 예정입니다.

단어

- gotować 요리하다
- potrawa 요리
- lubić ~을 좋아하다
- w tygodniu 주중에
- niewiele 많지 않은

- szczerze mówiąc 솔직히 말하면
- potrzebować ~이 필요하다
- przepis 레시피
- ostatnio 최근에
- pikantny / ostry 매운

- świeże składniki 신선한 재료 (복수)
- mięso 고기
- warzywo 채소
- sos sojowy 간장

만들어 보세요! 나에게 맞는 스토리로 만들어 외워 보세요.

Lubię gotować ① [국가의] potrawy dla rodziny. W tygodniu mam niewiele czasu dla rodziny. Mogę gotować tylko ② [요리 횟수 (기간)]. Szczerze mówiąc, nie umiem gotować dobrze, dlatego zawsze potrzebuję przepisu. Ostatnio ugotowałem ③ [음식 종류] dla rodziny. ③ [음식 종류] to tradycyjna ① [국가의] potrawa. To jest bardzo ④ [맛]. [가족] bardzo lubi ④ [맛] potrawy. ② [요리 횟수 (기간)] planuję jechać do sklepu, żeby robić zakupy. Chcę kupić świeże składniki, np. ⑤ [재료]. Ugotuję ⑥ [식사 종류] ③ [음식 종류] dla rodziny.

저는 가족을 위해 ① 음식을 요리하는 것을 좋아합니다. 주중에는 가족과 보낼 시간이 많지 않습니다. 그래서 ② 만 요리할 수 있습니다. 솔직히 말하면, 요리를 잘하는 편이 아니라서 늘 레시피가 필요합니다. 최근에는 가족을 위해 ③ 를 요리해 보았습니다. ③ 는 ① 전통음식입니다. 이 음식은 아주 ④ . 는 ④ 음식을 매우 좋아합니다. ② 는 장을 보러 가게에 갈 예정입니다. 저는 신선한 재료, 예를 들어 ⑤ 등을 사고 싶습니다. 가족을 위해 ⑥ ③ 를 요리할 예정입니다.

패턴별 다른 표현들 | 나에게 맞는 표현을 찾아 위의 문장에 대입시켜 보세요.

①	국가의	[복수형] · 중국의 chińskie · 폴란드의 polskie · 일본의 japońskie · 미국의 amerykańskie
②	요리 횟수 (기간)	· 화요일에 we wtorek · 수요일에 w środę · 일주일에 한 번 raz na tydzień · 2주에 한 번 raz na 2 tygodnie · 한 달에 한 번 raz na miesiąc
③	음식 종류	· 돈가스 kotlet schabowy · 비빔밥 bibimbap · 스파게티 spaghetti · 스시 sushi
④	맛	· 짠 słone · 매운 ostre · 단 słodkie · 쓴 gorzkie
⑤	재료	· 면 makaron · 쌀 ryż · 해산물 owoce morza · 한국 소스 koreański sos
⑥	식사 종류	· 아침 식사로 na śniadanie · 점심 식사로 na obiad · 저녁 식사로 na kolację · 파티용으로 na imprezę

* 〈부록〉 기초 단어를 활용해 다양한 표현을 만들어 보세요.

Lubię robić zakupy i kolekcjonować zegarki. Kiedy dostaję bonus, kupuję sobie drogie zegarki i marynarki. Ostatnio kupiłem sobie też niemiecki samochód. Żeby kupić samochód, musiałem oszczędzać pieniądze. W weekendy podróżuję czasami z żoną, dlatego cieszę się, że mam samochód. Raz na tydzień zawsze robię zakupy w centrum handlowym niedaleko mojego domu. W tygodniu nie mam czasu na zakupy, dlatego w sobotę kupuję wszystkie potrzebne produkty. Po zakupach często chodzę z żoną do restauracji na obiad. Ponadto wieczorem spotykam się ze znajomymi w pubie na piwo. Często rozmawiam z nimi o sporcie lub podróżach.

저는 쇼핑하는 것을 좋아하고 시계를 수집하는 것을 좋아합니다. 저는 보너스를 받으면 값비싼 시계와 정장을 구입합니다. 최근에는 독일 자동차도 샀습니다. 차를 사기 위해, 절약을 해야 했습니다. 주말에 가끔 아내와 함께 여행을 하기 때문에 차가 생겨 기쁩니다. 일주일에 한 번은 집 근처에 있는 백화점에서 쇼핑합니다. 주중에는 쇼핑할 시간을 내기 어렵기 때문에 토요일에 필요한 모든 제품을 구입합니다. 쇼핑 후, 종종 아내와 함께 점심을 먹으러 식당에 갑니다. 또한 저녁에는 지인들과 만나 맥주를 마시러 술집에 갑니다. 저는 자주 스포츠 혹은 여행에 관해 그들과 함께 이야기를 나눕니다.

단어

- robić zakupy 쇼핑하다
- kolekcjonować 수집하다
- dostać 받다
- zegarek 손목시계

- marynarki 정장 (복수)
- kupić sobie (자신을 위해) 사다
- po zakupach 쇼핑 후
- spotkać się 만나다

- znajomi 지인들 (복수형)
- na piwo 맥주 마시러
- rozmawiać 이야기하다

만들어 보세요! 나에게 맞는 스토리로 만들어 외워 보세요.

Lubię robić zakupy i kolekcjonować ① (쇼핑 품목) . Kiedy dostaję bonus, kupuję sobie ① (쇼핑 품목) . Ostatnio kupiłem sobie też ① (쇼핑 품목) . Żeby kupić ① (쇼핑 품목) , musiałem oszczędzać pieniądze. W weekendy podróżuję czasami z ③ (동행인) , dlatego cieszę się, że mam samochód. Raz na tydzień zawsze robię zakupy w ② (쇼핑 장소) niedaleko mojego domu. W tygodniu nie mam czasu na zakupy, dlatego w sobotę kupuję wszystkie potrzebne produkty. Po zakupach często chodzę z ③ (동행인) do restauracji na obiad. Ponadto wieczorem spotykam się ze ③ (동행인) w pubie na piwo. Często rozmawiam z nimi o ④ (대화 내용) .

저는 쇼핑하는 것을 좋아하고 ① 를 수집하는 것을 좋아합니다. 저는 보너스를 받으면 ① 을 구입합니다. 최근에는 ① 도 샀습니다. ① 를 사기 위해, 절약을 해야 했습니다. 주말에 가끔 ③ 와 함께 여행을 하기 때문에 차가 생겨 기쁩니다. 일주일에 한 번은 집 근처에 있는 ② 에서 쇼핑합니다. 주중에는 쇼핑할 시간을 내기 어렵기 때문에 토요일에 필요한 모든 제품을 구입합니다. 쇼핑 후, 종종 ③ 와 함께 점심을 먹으러 식당에 갑니다. 또한 저녁에는 ③ 과 함께 맥주를 마시러 술집에 갑니다. 저는 자주 ④ 에 관해 그들과 함께 이야기를 나눕니다.

패턴별 다른 표현들 나에게 맞는 표현을 찾아 위의 문장에 대입시켜 보세요.

①	쇼핑 품목	[복수형] · 모자 czapki · 향수 perfumy · 재킷 kurtki · 구두 buty · 하이힐 szpilki
②	쇼핑 장소	· 편의점, 가게, 할인점 sklep · 상가몰 pasaż handlowy · 쇼핑몰 galeria handlowa · 대형 마트 hipermarket
③	동행인	· 아내 żona · 엄마 matka · 여자친구 dziewczyna · 남자친구 chłopak
④	대화 내용	· 일 praca · 가족 rodzina · 생활, 삶 życie · 쇼핑 zakupy

* 〈부록〉 기초 단어를 활용해 다양한 표현을 만들어 보세요.

1. **Co najbardziej lubi pan gotować?** 어떤 요리(하는 것)를 가장 좋아합니까?

　① 저는 가족을 위해 요리하는 것을 좋아하며, 김치찌개 요리(하는 것)를 가장 좋아합니다.
　　Lubię gotować dla rodziny, najbardziej lubię gotować koreańską zupę z kimchi.

　② 저는 제 딸을 위해 불고기 요리(하는 것)를 좋아합니다.
　　Lubię gotować bulgogi dla mojej córki.

2. **Ile razy na tydzień gotuje pan?** 일주일에 몇 번 요리를 하나요?

　① 주중에는 늦게까지 일을 하기 때문에, 주말 중 한 번은 요리하려고 합니다.
　　Pracuję do późna w tygodniu, dlatego staram się gotować raz na tydzień w weekend.

　② 저는 매일 가족을 위해 저녁 식사를 요리합니다.
　　Codziennie gotuję kolację dla rodziny.

3. **Pana żona lubi kiedy pan gotuje?** 당신이 요리하면 아내가 좋아하나요?

　① 네, 그녀는 내가 만든 요리를 맛있어하며 주말에는 항상 제가 요리해 주길 바랍니다.
　　Tak, smakuje jej moje jedzenie i ona zawsze chce żebym gotował w weekend.

　② 아니요, 저의 아내는 제 요리를 좋아하지 않습니다. 제가 요리를 잘 할 줄 몰라서입니다.
　　Nie, ona nie lubi moich potraw, bo nie umiem dobrze gotować.

4. **Poza gotowaniem, co pan lubi robić w wolnym czasie?**
　요리 외에, 여가시간에 즐겨 하는 것은 무엇입니까?

　① 아내와 함께 한국 영화 보는 것을 좋아합니다. 2주에 한 번은 집에서 영화를 봅니다.
　　Lubię oglądać koreańskie filmy z żoną. Raz na dwa tygodnie oglądamy film w domu.

　② 저는 지인들과 함께 골프 치는 것을 좋아합니다.
　　Lubię grać w golfa ze znajomymi.

1. Jakie zegarki pan lubi kolekcjonować? Dlaczego?
어떤 종류의 시계를 수집하는 것을 좋아합니까? 이유는?

① 저는 미국 시계를 좋아합니다. 예쁘기도 하고 럭셔리하기 때문입니다.
Lubię amerykańskie zegarki. One wyglądają ładnie i są luksusowe.

② 독특하고 비싸기 때문에, 저는 프랑스 시계를 좋아합니다.
Lubię francuskie zegarki, bo są unikalne i drogie.

2. Co kupił pan sobie ostatnio? 당신은 최근에 무엇을 구입했습니까?

① 저는 최근에 정장과 청바지를 구입했습니다.
Ostatnio kupiłem sobie marynarkę i jeansy.

② 저는 지난 주말에 속옷과 넥타이를 구입했습니다.
W ubiegły weekend kupiłem bieliznę oraz krawat.

3. Gdzie robi pan zakupy? 당신은 어디에서 쇼핑을 하나요?

① 저는 집 근처에 있는 백화점에서 쇼핑을 합니다.
Robię zakupy w galerii handlowej, która jest obok mojego domu.

② 제 집 근처에는 작은 가게들이 많습니다. 저는 거기에서 가장 자주 쇼핑을 합니다.
Blisko mojego domu jest dużo małych sklepów. Tam robię zakupy najczęściej.

4. Jaki ma pan plan na ten weekend? 이번 주말에 당신의 계획은 무엇입니까?

① 아내와 함께 좋은 시간을 보내고 싶습니다. 좋은 식당에 함께 가서 점심도 먹고 공원에서 산책도 하고 싶습니다.
Chcę spędzić miły czas z żoną. Chcemy pójść razem na obiad do dobrej restauracji i spacerować w parku.

② 저는 아내를 위해 선물을 구입하고 싶습니다. 이번 주말에 아내의 생일이기 때문입니다.
Chcę kupić prezent dla mojej żony. Ona ma urodziny w ten weekend.

Role Play

OPI 시험을 마치기 전 마지막 코스로 '롤플레이'를 진행하게 됩니다. 하나의 상황을 시험관이 제시하고 해당 역할을 주면, 그 역할의 인물이 되어 시험관과 함께 '역할극'을 하게 됩니다. 주어진 상황에 맞게 역할극을 연습해 보세요.

상황

당신은 하루 동안 머무를 수 있는 해변 근처에 있는 호텔을 예약하고 싶습니다. 접수처에서는 몇 시에 호텔에 도착하는지에 대해 알고 싶어 합니다.

🎤 **Chce pan zrobić rezerwację na jedną noc w hotelu blisko plaży. Recepcjonista chce wiedzieć, o której godzinie przyjedzie pan do hotelu.**

🎤 시험관 Dzień dobry, hotel Novotel, słucham? W czym mogłabym panu pomóc? 안녕하세요. 노보텔 호텔입니다. 여보세요? 무엇을 도와드릴까요?

Ja Dzień dobry, chciałbym zarezerwować pokój jednoosobowy trzeciego marca. Czy jest wolny pokój?

안녕하세요, 3월 3일에 1인실 방을 예약하고 싶습니다. 방이 있나요?

🎤 시험관 Już sprawdzam. Na ile dni? 확인해보겠습니다. 며칠 동안인가요?

Ja Tylko na jedną noc. Jeżeli to jest możliwe, chciałbym zarezerwować pokój z widokiem na morze. 하룻밤이면 됩니다. 가능하면, 시뷰 룸(바다 전망)으로 예약하고 싶습니다.

🎤 시험관 Jest wolny pokój blisko plaży na szóstym piętrze. O której godzinie przyjedzie pan do nas? 해변과 가까운 객실은 6층에 있습니다. 몇 시쯤 저희 호텔에 도착 예정인가요?

Ja Dojadę do hotelu około siedemnastej. 호텔에 17시쯤에 도착 예정입니다.

🎤 시험관 Tak, rozumiem. Poproszę o numer paszportu. 네. 알겠습니다. 여권 번호 부탁드립니다.

Ja Mój numer paszportu to m2914834. Dziękuję, do widzenia.

여권 번호는 m2914834입니다. 감사합니다. 안녕히 계세요.

🎤 시험관 Dziękuje, do zobaczenia. 감사합니다. 다음에 뵙겠습니다.

상상해 보세요! 나에게 맞는 상상속의 스토리를 만들어 보세요.

✎ 시험관   Dzień dobry, hotel Novotel, słucham? W czym mogłabym panu pomóc? 안녕하세요. 노보텔 호텔입니다. 여보세요? 무엇을 도와드릴까요?

🅙   Dzień dobry, chciałbym zarezerwować   (룸 타입)   (예약 일자) . Czy jest wolny pokój?

안녕하세요. (예약 일자) 에 (룸 타입) 을 예약하고 싶습니다. 방이 있나요?

✎ 시험관   Już sprawdzam. Na ile dni? 확인해보겠습니다. 며칠 동안인가요?

🅙   Tylko (숙박 기간) . Jeżeli to jest możliwe, chciałbym rezerwować (뷰 : 방 종류 선택) .

(숙박 기간) 밤이면 됩니다. 가능하면, (뷰 : 방 종류 선택) 으로 예약하고 싶습니다.

✎ 시험관   Jest wolny pokój blisko plaży (객실 층) . O której godzinie przyjedzie pan do nas?

해변과 가까운 객실은 (객실 층) 에 있습니다. 몇 시쯤 저희 호텔에 도착 예정인가요?

🅙   Dojadę do hotelu około (도착 예정 시간) . 호텔에 (도착 예정 시간) 쯤에 도착 예정입니다.

✎ 시험관   Tak, rozumiem. Poproszę o numer paszportu.

네, 알겠습니다. 여권 번호 부탁드립니다.

🅙   Mój numer paszportu to (여권 번호) . Dziękuję, do widzenia.

여권 번호는 (여권 번호) 입니다. 감사합니다. 안녕히 계세요.

✎ 시험관   Dziękuje, do zobaczenia.

감사합니다, 다음에 뵙겠습니다.

단어

- pokój jednoosobowy 1인실
- pokój dwuosobowy 2인실
- pokój trzyosobowy 3인실
- pokój rodzinny 패밀리룸
- na jedną noc 하룻밤
- blisko plaży 해변 근처
- widok na morze 시뷰(바다 전망)
- widok na miasto 시티뷰
- widok na ocean 오션뷰

Co zazwyczaj robi pan w tygodniu/w weekend?

보통 당신은 주중/주말에 무엇을 합니까?

일상생활과 관련된 문제는 주중과 주말을 구분해서, 하루 일과를
시간대 별로 나누고 빈도부사를 적절히 활용하여 답변을 하는 것
이 좋습니다. 시간과 관련된 표현을 익혀 보세요.

다양한 질문 유형 파악하기

"하루 일과"의 다양한 질문 유형입니다. 🎧 03-1

- **Co zwykle robi pan w tygodniu?**
  보통 당신은 주중에 무엇을 합니까?

- **Co zazwyczaj pan robi po pracy?**
  보통 당신은 퇴근 후 무엇을 합니까?

- **Co pan robi często w tygodniu? A co w weekendy?**
  주중에 자주 하는 일은 무엇입니까? 그럼 주말은요?

"하루 일과"에 관한 다른 표현의 질문들입니다. 🎧 03-2

시험관의 질문에는 단답형 보다 아래의 답변 뒤에 준비한 스크립트를 자연스럽게 이어서 답변하는 것이 좋습니다.
추가 질문이 답변한 스크립트 안에서 나올 수 있도록 질문을 유도하는 것이 중요합니다.

① Jak Koreańczycy spędzają zwykle wolny czas?
한국 사람들은 보통 여가시간을 어떻게 보냅니까?

➡ **Zazwyczaj pijemy kawę i rozmawiamy ze znajomymi.**
보통 우리는 커피를 마시고 지인들과 대화를 나눕니다.

② Co zazwyczaj Koreańczycy lubią robić w czasie wolnym?
한국 사람들은 보통 여가시간에 무엇을 하는 것을 좋아합니까?

➡ **Często podróżujemy gdzieś, żeby się odstresować.**
우리는 스트레스를 풀기 위해, 자주 어딘가로 여행을 합니다.

③ Co pan robi po pracy? 당신은 퇴근 후 무엇을 합니까?

➡ **Jem kolację w domu i spędzam miły czas z rodziną.**
저는 집에서 저녁을 먹고 가족과 함께 좋은 시간을 보냅니다.

Codziennie wstaję o szóstej rano. Najpierw biorę prysznic, potem sprawdzam pogodę w telewizji. Jeżdżę samochodem do pracy, zwykle mam mało czasu i nie jem śniadania. O ósmej zaczynam pracować i zazwyczaj kończę pracę o piątej po południu. Po pracy wracam do domu i jem kolację z rodziną. Zawsze moja żona przygotowuje kolację, dlatego ja zmywam naczynia po kolacji. Potem często chodzę z córką na spacery do parku. O ósmej wieczorem czytam książki i później kładę się do łóżka.

저는 매일 아침 6시에 일어납니다. 먼저 샤워를 한 다음, TV에서 날씨를 확인합니다. 자동차로 출근을 하는데, 보통 시간이 없어 아침은 못 먹는 편입니다. 8시에 회사 업무가 시작되고 보통 오후 5시에 회사 업무가 끝납니다. 퇴근 후, 집에 돌아와 가족과 함께 저녁을 먹습니다. 매일 아내가 저녁을 준비하기 때문에 저는 저녁 식사 후 설거지를 담당합니다. 그 후에는 딸과 함께 공원으로 산책을 합니다. 저녁 8시에는 책을 읽고 잠을 자러 갑니다.

단어

□ wstawać 일어나다	□ jeździć (불완료) 타고 가다	□ wracać 돌아가다
□ brać prysznic 샤워하다	□ jeść 먹다	□ przygotowywać 준비하다
□ sprawdzać 확인하다	□ zaczynać 시작하다	□ zmywać naczynia 설거지하다
□ pogoda 날씨	□ kończyć 끝내다	□ kłaść się do łóżka 잠자다

Codziennie wstaję ___(시간)___ . Najpierw ① ___(기상 후, 하는 일)___ , potem ① ___(출근 전, 하는 일)___ . Jeżdżę ② ___(교통수단)___ do pracy, zwykle mam mało czasu i nie jem śniadania. ___(시간)___ zaczynam pracować i zazwyczaj kończę pracę ___(시간)___ . Po pracy ① ___(퇴근 후, 하는 일)___ i jem kolację z ___(가족 일원)___ . Zawsze ___(가족 일원)___ przygotowuje kolację, dlatego ja zmywam naczynia po kolacji. Potem często chodzę z ___(가족 일원)___ ① ___(퇴근 후, 하는 일)___ . ___(시간)___ wieczorem ① ___(퇴근 후, 하는 일)___ i później kładę się do łóżka.

저는 매일 ___ 일어납니다. 먼저 ① ___ 다음, ① ___ . ② ___ 로 출근을 하는데, 보통 시간이 없어 아침은 못 먹는 편입니다. ___ 회사 업무가 시작되고 보통 ___ 회사 업무가 끝납니다. 퇴근 후, ① ___ 과 함께 저녁을 먹습니다. 매일 ___ 가 저녁을 준비하기 때문에 저는 저녁 식사 후 설거지를 담당합니다. 그 후에는 ___ 과 함께 ① ___ . 저녁 ① ___ 고 잠을 자러 갑니다.

패턴별 다른 표현들 | 나에게 맞는 표현을 찾아 위의 문장에 대입시켜 보세요.

① **하는 일**	기상 후 :	• 커피를 마시다 piję kawę • 씻다 myję się • 목욕을 한다 kąpię się
	출근 전 :	• 옷을 입다 ubieram się • 아침을 먹는다 jem śniadanie • 화장을 한다 robię makijaż
	퇴근 후 :	• 집에 돌아가는 길에 음식을 포장해간다 kupuję jedzenie na wynos wracając do domu • TV를 보다 oglądam telewizję • 뉴스를 시청하다 oglądam wiadomości • 책을 읽다 czytam książki • 주말 계획을 세우다 robię plan na weekend • 여행 계획을 세우다 planuję podróż
② **교통수단**		• 지하철 metro • 트램 tramwaj • 버스 autobus

＊〈부록〉 기초 단어를 활용해 다양한 표현을 만들어 보세요.

W tygodniu zwykle nie mogę długo spać, bo zawsze mam dużo pracy i codziennie kończę pracę późno w nocy. Dlatego w weekend śpię do jedenastej. Kiedy wstaję, od razu robię sobie kawę. W moim domu jest nowoczesny ekspres do kawy. Po południu często chodzę na zakupy do galerii handlowej, żeby się odstresować i kupić modne ubrania. Wieczorem spotykam się ze znajomymi w restauracji na kolację. Zazwyczaj chodzę do pubu na wino. Wracam do domu w nocy i idę spać.

보통 주중에는 일이 많고, 매일 밤늦게 업무가 끝나는 편이라 오랫동안 잠을 자지 못합니다. 그래서 주말에는 11시까지 잠을 잡니다. 일어나면 바로, 커피를 내려 마십니다. 집에는 최신형 커피 머신이 있습니다. 오후에는 스트레스를 풀고 최신 옷을 사기 위해 백화점에 쇼핑하러 자주 갑니다. 저녁에는 레스토랑에서 지인들을 만나 저녁을 먹습니다. 보통은 와인을 마시러 술집에 갑니다. 밤에 집으로 돌아와 잠을 잡니다.

단어

- spać 자다
- od razu 곧장, 바로
- robić sobie kawę 커피를 만들다
- nowoczesny 최신식의
- ekspres do kawy 커피 머신
- chodzić na zakupy 쇼핑하러 가다
- modne ubrania 최신 옷 (복수)
- spotykać się 만나다
- chodzić do pubu 술집에 가다

만들어 보세요! 나에게 맞는 스토리로 만들어 외워 보세요.

W tygodniu zwykle nie mogę długo spać, bo zawsze mam dużo pracy i codziennie kończę pracę późno w nocy. Dlatego w weekend śpię do ⬚(시간). Kiedy wstaję, od razu ① ⬚(기상 후, 하는 일) ⬚. Po południu często chodzę na zakupy do galerii handlowej, żeby się odstresować i kupić modne ubrania. Wieczorem ① ⬚(저녁(집) : 하는 일) ⬚. Zazwyczaj ① ⬚(저녁(외출) : 하는 일) ⬚. Wracam do domu w nocy i idę spać.

보통 주중에는 일이 많고, 매일 밤늦게 업무가 끝나는 편이라 오랫동안 잠을 자지 못합니다. 그래서 주말에는 ⬚까지 잠을 잡니다. 일어나면 바로, ① ⬚. 오후에는 스트레스를 풀고 최신 옷을 사기 위해 백화점에 쇼핑하러 자주 갑니다. 저녁에는 ① ⬚. 보통은 ① ⬚. 밤에 집으로 돌아와 잠을 잡니다.

패턴별 다른 표현들 | 나에게 맞는 표현을 찾아 위의 문장에 대입시켜 보세요.

① 하는 일	기상 후 :	• 운동하다 uprawiam sport • 산책을 하다 spaceruję	• 차를 마신다 piję herbatę
	저녁(집) :	• 공부를 한다 uczę się • 게임을 한다 gram w gry komputerowe • 미드를 보다 oglądam amerykańskie seriale • 집안을 대청소하다 sprzątam cały dom • 맥주를 마신다 piję piwo • 집 정리를 하다 robię generalne porządki w domu	• 장을 본다 robię zakupy • 세차를 하다 myję samochód
	저녁(외출) :	• 여행을 하다 podróżuję • 부모님 댁에 가다 odwiedzam rodziców • 지인과 만난다 spotykam się ze znajomymi • 지인들과 함께 이야기를 나눈다 rozmawiam ze znajomymi	• 영화를 보다 oglądam filmy

※ 〈부록〉 기초 단어를 활용해 다양한 표현을 만들어 보세요.

1. **Jak daleko jest z domu do pracy?** 집에서 회사까지 얼마나 걸립니까?

① 보통 지하철로 1시간 정도 걸립니다. 서울은 항상 교통 체증이 있기 때문에 버스보다 지하철을 타고 가는 것을 선호합니다.

Zwykle jeżdżę metrem godzinę. Wolę jeździć metrem niż autobusem, bo w Seulu zawsze jest duży korek.

② 저는 보통 30분 정도 자전거를 타고 회사에 갑니다.

Zazwyczaj jeżdżę rowerem 30 min do mojej pracy.

2. **Co pan je na śniadanie?** 당신은 아침으로 무엇을 먹습니까?

① 매일 아침에는 시간이 많지 않기 때문에, 아침을 거르는 편입니다. 가끔 배고프면 아침으로 사과를 먹거나 우유를 마십니다.

Zazwyczaj nie jem śniadania, bo nie mam czasu codziennie rano. Kiedy jestem głodny, czasami jem jabłko albo piję mleko na śniadanie.

② 저에게 아침 식사는 매우 중요합니다. 저는 매일 밥, 국과 신선한 채소를 아침 식사로 먹습니다.

Dla mnie śniadanie jest bardzo ważne. Codziennie jem ryż, zupę i świeże warzywa na śniadanie.

3. **Pana żona dobrze gotuje?** 당신의 아내는 요리를 잘 합니까?

① 네, 아내는 요리를 아주 잘 하고 가족을 위해 매일 저녁 준비를 합니다.

Tak, ona gotuje bardzo dobrze i codziennie przygotowuje kolację dla rodziny.

② 네, 제 아내는 요리를 잘하지만 가끔 요리를 귀찮아합니다. 그래서 저는 자주 저녁 식사를 테이크아웃 합니다.

Tak, ona dobrze gotuje, ale czasami nie chce jej się gotować. Dlatego często kupuję kolację na wynos.

1. O której godzinie je pan obiad w weekend? 주말에 몇 시에 점심을 먹습니까?

① 주말에는 11시쯤에 일어나기 때문에, 브런치를 먹습니다.

Zazwyczaj jem brunch, bo w weekend wstaję około jedenastej.

② 오후 1시에 가족과 함께 식당에서 점심을 먹습니다.

O pierwszej po południu jem obiad z rodziną w restauracji.

2. Co pan je w restauracji? 식당에서는 무엇을 먹습니까?

① 매일 한국 음식을 먹기 때문에, 주말에는 일본 음식이나 미국 음식을 먹는 것을 선호합니다.

Codziennie jem koreańskie jedzenie, dlatego w weekend wolę jeść japońskie albo amerykańskie jedzenie.

② 제가 가장 좋아하는 음식은 스파게티입니다. 식당에서는 프랑스 음식을 자주 먹습니다.

Moje ulubione jedzenie to spaghetti. Często jem francuskie jedzenie w restauracji.

3. Ile godzin pan robi zakupy? 당신은 몇 시간 정도 쇼핑을 합니까?

① 저는 쇼핑하는 것을 매우 좋아합니다. 다양한 물건들을 쇼핑할 때는 다리가 아픈 것도 못 느낄 정도입니다. 그래서 5시간까지도 쇼핑할 수 있습니다.

Bardzo lubię robić zakupy. Kiedy kupuję różne produkty, nie czuję, że bolą mnie nogi. Mogę robić zakupy nawet przez 5 godzin.

② 저는 쇼핑하는 것을 좋아하지 않습니다. 한 시간 정도면, 필요한 모든 물품을 구입하는데 충분합니다.

Nie lubię robić zakupów. Wystarczy mi godzina, żeby kupić wszystkie potrzebne produkty.

Role Play

OPI 시험을 마치기 전 마지막 코스로 '롤플레이'를 진행하게 됩니다. 하나의 상황을 시험관이 제시하고 해당 역할을 주면, 그 역할의 인물이 되어 시험관과 함께 '역할극'을 하게 됩니다. 주어진 상황에 맞게 역할극을 연습해 보세요.

🎧 03-7

상황

당신은 오후 1시에 식당을 예약하고 싶습니다. 아직 잔여 좌석이 있는지 알아보고 2명을 위한 식당 예약을 해보세요.

✏️ **Chce pan zrobić rezerwację w restauracji na pierwszą po południu. Proszę zarezerwować stolik dla dwóch osób i dowiedzieć się, czy są jeszcze wolne miejsca.**

✏️ 시험관 Dzień dobry, restauracja ,polskie jedzenie'. Słucham?

안녕하세요, '폴란드 음식점'입니다. 여보세요?

Ja Dzień dobry, chciałbym zarezerwować stolik dzisiaj na pierwszą po południu.

안녕하세요, 오늘 오후 1시로 예약하고 싶습니다.

✏️ 시험관 Dobrze, dla ilu osób?

알겠습니다, 몇 분으로 예약해드릴까요?

Ja Dla dwóch osób. Czy są wolne miejsca?

2명으로 해주세요. 자리 있나요?

✏️ 시험관 Tak, są jeszcze wolne miejsca. Chce pan zarezerwować stolik przy oknie czy w środku? 네, 아직 자리가 있습니다. 창가 쪽 혹은 중앙 중 어느 쪽으로 예약해드릴까요?

Ja Poproszę przy oknie. 창가 쪽으로 해주세요.

✏️ 시험관 Jak pana nazwisko? 성함은요?

Ja Moje nazwisko to Park. Dziękuję. Do widzenia.

제 성은 박입니다. 감사합니다. 안녕히 계세요.

상상해 보세요! 나에게 맞는 상상속의 스토리를 만들어 보세요.

✎시험관 Dzień dobry, restauracja ‚polskie jedzenie'. Słucham?

안녕하세요. '폴란드 음식점'입니다. 여보세요?

Ja Dzień dobry, chciałbym zarezerwować stolik dzisiaj ▨▨▨▨ (시간) ▨▨▨▨.

안녕하세요. 오늘 (시간) 로 예약하고 싶습니다.

✎시험관 Dobrze, dla ilu osób?

알겠습니다. 몇 분으로 예약해드릴까요?

Ja Dla (인원 수) . Czy są wolne miejsca?

(인원 수) 으로 해주세요. 자리 있나요?

✎시험관 Tak, są jeszcze wolne miejsca. Chce pan zarezerwować stolik przy oknie czy w środku?

네. 아직 자리가 있습니다. 창가 쪽 혹은 중앙 중 어느 쪽으로 예약해드릴까요?

Ja Poproszę (자리 위치) . (자리 위치) 으로 해주세요.

✎시험관 Jak pana nazwisko? 성함은요?

Ja Moje nazwisko to (이름 : 성) . Dziękuję. Do widzenia.

제 성은 (이름 : 성) 입니다. 감사합니다. 안녕히 계세요.

단어

- słucham 여보세요
- wolne miejsca (복수) 여유 좌석
- przy korytarzu 복도 측
- stolik 식탁
- przy oknie 창 측
- w środku 중앙에
- dla ilu osób 몇 분을 위한

Proszę opowiedzieć o swoim domu.

자신의 집을 묘사해 주세요.

묘사와 관련된 문제는 '위치 전치사'와 '격변화'를 사용해서 집 전체를 이야기한 후 방과 집안의 물건들을 차례대로 묘사하는 것이 좋습니다. 특히, 위치와 관련된 전치사(기구격, 장소격, 소유격)를 학습하고 집 근처의 장소까지 자연스럽게 연결하는 방법을 학습해 보세요.

🐦 다양한 질문 유형 파악하기

"집 묘사"의 다양한 질문 유형입니다. 🎧 04-1

- **Mieszka pan w apartamencie?** 당신은 아파트에 살고 있습니까?

- **Ile ma pan pokoi w domu?** 당신 집에는 몇 개의 방이 있습니까?

- **Ile pomieszczeń ma pana dom?** 당신 집에는 방이 몇 개가 있습니까?

- **Jak wygląda pana mieszkanie?** 당신의 집은 어떻게 생겼나요?

"집 묘사"에 관한 다른 표현의 질문들입니다. 🎧 04-2

시험관의 질문에는 단답형 보다 아래의 답변 뒤에 준비한 스크립트를 자연스럽게 이어서 답변하는 것이 좋습니다.
추가 질문이 답변한 스크립트 안에서 나올 수 있도록 질문을 유도하는 것이 중요합니다.

① Mieszka pan w apartamencie czy w domu?

　　당신은 아파트에서 삽니까 아니면 주택에서 삽니까?

➡ W Korei wielu ludzi mieszka w apartamentach, ale ja mieszkam w
　 domu. 한국 사람들 대부분은 아파트에 살고 있지만, 저는 단독 주택에서 살고 있습니다.

② Ile ma pan pokoi w domu? 당신 집에는 몇 개의 방이 있습니까?

➡ Mam dwa pokoje, sypialnię, kuchnię i łazienkę.
　 방 2개, 침실, 부엌과 화장실이 있습니다.

③ Co jest w pana sypialni? 침실에는 무엇이 있습니까?

➡ W sypialni jest łóżko, biurko, szafa i fotel.
　 침실에는 침대, 책상, 옷장과 안락의자가 있습니다.

Mieszkam w Ilsan. Mój dom ma dwa pokoje, łazienkę, kuchnię i salon. W sypialni jest łóżko, szafa i biurko. Na biurku leży mój komputer. W sypialni często gram w gry komputerowe i czytam książki w łóżku. W łazience mam wygodną wannę, prysznic i nowoczesną pralkę. Wolę kąpać się niż brać prysznic. W kuchni jest kuchenka, lodówka, zmywarka i ekspres do kawy. Lubię robić sobie kawę codziennie rano. Ponadto lubię gotować dla rodziny. W salonie jest fotel, telewizor i dużo kwiatów. Często oglądam tam telewizję z rodziną. Mój dom jest wygodny i bardzo go lubię.

저는 일산에 살고 있습니다. 저희 집에는 방 2개, 욕실, 주방과 거실이 있습니다. 침실에는 침대, 옷장 및 책상이 있습니다. 컴퓨터는 책상 위에 있습니다. 저는 침실에서 컴퓨터 게임을 자주하고 책 읽는 것을 좋아합니다. 욕실에는 편안한 욕조, 샤워기와 최신식의 세탁기가 있습니다. 저는 샤워하는 것보다 목욕하는 것을 더 선호합니다. 부엌에는 가스레인지, 냉장고, 싱크대와 커피 머신이 있습니다. 매일 아침 커피를 내려 마시는 것을 좋아합니다. 또한 가족을 위해 요리하는 것을 좋아합니다. 거실에는 안락의자, 텔레비전, 많은 꽃들이 있습니다. 그곳에서 가족과 함께 자주 TV를 시청합니다. 저는 편안해서 집을 매우 좋아합니다.

단어

- w sypialni 침실에는
- grać w gry komputerowe 컴퓨터 게임을 하다
- w łazience 욕실에는
- kąpać się 목욕하다
- brać prysznic 샤워하다
- w kuchni 부엌에는

만들어 보세요! 나에게 맞는 스토리로 만들어 외워 보세요.

Mieszkam w (지역) . Mój dom ma ① (방 개수) , łazienkę, kuchnię i salon. W sypialni jest ② (침실에 있는 가구) . Na biurku leży mój komputer. W sypialni często gram w gry komputerowe i czytam książki w łóżku. W łazience mam ③ (욕실에 있는 물품) . Wolę kąpać się niż brać prysznic. W kuchni jest ④ (부엌에 있는 가전제품) . Lubię robić sobie kawę codziennie rano. Ponadto lubię gotować dla (사람) . W salonie jest ⑤ (거실에 있는 가구 및 제품) . Często oglądam tam telewizję z (사람) . Mój dom jest wygodny i bardzo go lubię.

저는 에 살고 있습니다. 저희 집에는 ① , 욕실, 주방과 거실이 있습니다. 침실에는 ② 이 있습니다. 컴퓨터는 책상 위에 있습니다. 저는 침실에서 컴퓨터 게임을 자주하고 책 읽는 것을 좋아합니다. 욕실에는 ③ 가 있습니다. 저는 샤워하는 것보다 목욕하는 것을 더 선호합니다. 부엌에는 ④ 이 있습니다. 매일 아침 커피를 내려 마시는 것을 좋아합니다. 또한 을 위해 요리하는 것을 좋아합니다. 거실에는 ⑤ 이 있습니다. 그곳에서 과 함께 자주 TV를 시청합니다. 저는 편안해서 집을 매우 좋아합니다.

패턴별 다른 표현들 나에게 맞는 표현을 찾아 위의 문장에 대입시켜 보세요.

①	방 개수	·방 2개 dwa pokoje · 방 3개 trzy pokoje · 방 4개 cztery pokoje · 방 5개 pięć pokoi
②	침실에 있는 가구	·책장 regał na książki · 라디오 radio · 서랍장 szuflada · 의자 krzesło
③	욕실에 있는 물품	·비데 bidet · 거울 lustro · 세면대 umywalka · 화장지 papier toaletowy · 샴푸 szampon · 비누 mydło
④	부엌에 있는 가전제품	·오븐 piekarnik · 싱크대 zlew · 믹서기 mikser · 저울 waga · 토스터 toster · 냅킨 serwetka
⑤	거실에 있는 가구 및 제품	·자명종 시계 budzik · 그림 obraz · 스탠드 lampka · 카펫 dywan · 텔레비전 telewizor · 소파 sofa · 에어컨 klimatyzacja · 피아노 piano · 탁자 stół

* 〈부록〉 기초 단어를 활용해 다양한 표현을 만들어 보세요.

Mój pokój jest mały, ale bardzo wygodny. W moim pokoju jest duże łóżko, szafa i biurko. Łóżko jest przed oknem, a obok łóżka jest biurko. Szafa stoi między biurkiem a drzwiami. Bardzo lubię słuchać radia gdy leżę w łóżku. Na biurku jest komputer i mała lampka. Pod biurkiem stoi kosz na śmieci. W pokoju nie ma dywanu, a ściany są niebieskie. Okno jest duże i codziennie rano mogę sprawdzać jaka jest pogoda. Lubię odpoczywać w moim pokoju, to moje ulubione miejsce w domu.

제 방은 작지만, 아주 편안합니다. 제 방에는 큰 침대, 옷장 및 책상이 있습니다. 침대는 창문 앞에 있으며, 침대 옆에는 책상이 있습니다. 옷장은 책상과 문 사이에 있습니다. 침대에 누워 라디오 듣는 것을 매우 좋아합니다. 책상 위에는 컴퓨터와 작은 스탠드가 있습니다. 책상 아래에는 쓰레기통이 있습니다. 제 방에는 카펫이 없으며, 벽지는 하늘색입니다. 큰 창문이 있어 매일 아침 날씨를 확인할 수 있습니다. 집 중 가장 좋아하는 장소인, 제 방에서 쉬는 것을 좋아합니다.

단어

□ kosz na śmieci 쓰레기통　　　□ ściany 벽 (복수)　　　□ ulubione miejsce 가장 좋아하는 장소
□ dywan 카펫

만들어 보세요! 나에게 맞는 스토리로 만들어 외워 보세요.

Mój pokój jest ① (방 크기), ale bardzo wygodny. W moim pokoju jest duże łóżko, szafa i biurko. Łóżko jest przed oknem, a obok łóżka jest biurko. Szafa stoi ② (위치) . Bardzo lubię słuchać radia gdy leżę w łóżku. ② (위치) jest komputer i mała lampka. Pod biurkiem stoi kosz na śmieci. W pokoju nie ma dywanu, a ściany są ③ (색) . Okno jest duże i codziennie rano mogę sprawdzać jaka jest pogoda. Lubię odpoczywać w moim pokoju, to moje ulubione miejsce w domu.

제 방은 ① , 아주 편안합니다. 제 방에는 큰 침대, 옷장 및 책상이 있습니다. 침대는 창문 앞에 있으며, 침대 옆에는 책상이 있습니다. 옷장은 ② 있습니다. 침대에 누워 라디오 듣는 것을 매우 좋아합니다. ② 컴퓨터와 작은 스탠드가 있습니다. 책상 아래에는 쓰레기통이 있습니다. 제 방에는 카펫이 없으며, 벽지는 ③ 입니다. 큰 창문이 있어 매일 아침 날씨를 확인할 수 있습니다. 집 중 가장 좋아하는 장소인, 제 방에서 쉬는 것을 좋아합니다.

패턴별 다른 표현들 나에게 맞는 표현을 찾아 위의 문장에 대입시켜 보세요.

①	방 크기	· 큰 duży · 크지는 않은 nieduży · 작지는 않은 niemały
②	위치	· 침대 앞에 przed łóżkiem · 침대 뒤에 za łóżkiem · 책상 옆에 obok biurka · 책상 위에 na biurku · 창문 옆에 obok okna
③	색	· 검은색 czarny · 빨간색 czerwony · 갈색 brązowy · 분홍색 różowy · 회색 szary · 보라색 fioletowy · 흰색 biały · 하늘색 niebieski · 노란색 żółty · 녹색 zielony

* 〈부록〉 기초 단어를 활용해 다양한 표현을 만들어 보세요.

1. Woli pan mieszkać w apartamencie czy w domu?
당신은 아파트에서 사는 것이 좋습니까 아니면 단독 주택에서 사는 것이 좋습니까?

① 저는 정원에서 일하는 것을 좋아하기 때문에, 단독 주택에 사는 것을 선호합니다.
　Wolę mieszkać w domu, bo lubię pracować w ogrodzie.

② 저는 청소를 많이 할 필요가 없기 때문에, 아파트에서 사는 것을 더 선호합니다.
　Wolę mieszkać w apartamencie, ponieważ nie trzeba tak dużo sprzątać.

2. Kto jest w kuchni najczęściej? 누가 부엌에 가장 자주 있습니까?

① 저는 매일 회사를 다니고, 제 아내는 전업주부입니다. 아내가 부엌에 가장 자주 있으며 요리를 합니다.
　Codziennie jestem w pracy, moja żona zajmuje się domem. Ona jest najczęściej
　w kuchni i gotuje.

② 제 딸은 요리하고 먹는 것을 좋아하기 때문에, 부엌에 가장 자주 있습니다.
　Moja córka jest w kuchni najczęściej, bo ona lubi gotować i jeść.

3. Gdzie jest pokój pana córki? 딸의 방은 어디에 있습니까?

① 딸의 방은 침실 옆에 있습니다. 딸 방에는 큰 옷장, 침대와 책상이 있습니다.
　Jej pokój jest obok sypialni. W jej pokoju jest duża szafa, łóżko i biurko.

② 딸의 방은 2층 계단 옆입니다.
　Jej pokój jest na drugim piętrze obok schodów.

1. Jakie urządzenie domowe lubi pan najbardziej?

어떤 가전제품을 가장 좋아합니까?

① 저는 커피 머신을 가장 좋아합니다. 최근에 커피 머신을 샀고, 매일 아침 커피를 직접 내려 마시고 있습니다.

Uwielbiam ekspres do kawy. Ostatnio kupiłem nowoczesny ekspres, codziennie rano robię sobie kawę.

② 제가 가장 좋아하는 가전제품은 대형 텔레비전입니다. 집에서 가족과 함께 영화를 자주 보기 때문입니다.

Moje urządzenie domowe to duży telewizor. Ponieważ często oglądam filmy z rodziną.

2. Czy ma pan w domu balkon? 집에 발코니가 있습니까?

① 네, 큰 발코니가 있습니다.

Tak, mam w domu duży balkon.

② 아니요, 발코니가 없습니다.

Nie, nie mam balkonu.

3. Co jest na balkonie? 발코니에는 무엇이 있습니까?

① 발코니에는 김치냉장고가 있습니다. 한국에서는 매일 김치를 먹는데, 각 집마다 김치냉장고가 있습니다.

Na balkonie jest lodówka na kimchi. U nas w Korei codziennie jemy kimchi, dlatego w każdym domu jest lodówka na kimchi.

② 발코니에는 큰 세탁기가 있습니다. 거기에서 옷을 건조하고 다림질을 합니다.

Na balkonie jest duża pralka. Tam suszymy i prasujemy ubrania.

🎧 04-7

상황

당신은 은행을 찾고 있습니다. 행인에게 버스를 타고 은행에 가는 길을 물어봅니다. 은행이 가깝다면, 길에 대해 물어봅니다.

🎤 Szuka pan banku. Proszę zapytać przechodnia, czy trzeba jechać do banku autobusem. Jeżeli bank jest blisko, proszę zapytać o drogę.

Ja **Przepraszam, czy wie pani gdzie jest bank?**

실례합니다만, 어디에 은행이 있는지 알고 있나요?

🎤 시험관 Tak, wiem. Mogę panu pokazać.

네. 알고 있습니다. 가리켜 드리겠습니다.

Ja **Czy bank jest blisko? Nie trzeba jechać autobusem?**

은행은 가깝나요? 버스를 타고 가지 않아도 되나요?

🎤 시험관 Nie trzeba jechać autobusem, bank jest niedaleko stąd.

은행은 여기에서 멀지 않아서, 버스를 타고 가지 않아도 됩니다.

Ja **Jak mogę tam dojść?** 그곳까지 어떻게 가면 되나요?

🎤 시험관 Najpierw proszę iść prosto przez 5 minut, a następnie trzeba skręcić w lewo. Bank jest obok poczty.

먼저 5분 동안 직진한 후에 좌회전하세요. 은행은 우체국 옆에 있습니다.

Ja **Dziękuję za pomoc.**

도와주셔 감사합니다.

상상해 보세요! 나에게 맞는 상상속의 스토리를 만들어 보세요.

Ja Przepraszam, czy wie pani gdzie jest bank?

실례합니다만, 어디에 은행이 있는지 알고 있나요?

✏️시험관 Tak, wiem. Mogę panu pokazać.

네, 알고 있습니다. 가리켜 드리겠습니다.

Ja Czy bank jest blisko? Nie trzeba jechać ⟨교통수단⟩ ?

은행은 가깝나요? ⟨교통수단⟩ 가지 않아도 되나요?

✏️시험관 Nie trzeba jechać ⟨교통수단⟩ , bank jest niedaleko stąd.

은행은 여기에서 멀지 않아서, ⟨교통수단⟩ 가지 않아도 됩니다.

Ja Jak mogę tam dojść?

그곳까지 어떻게 가면 되나요?

✏️시험관 Najpierw proszę iść prosto przez ⟨시간⟩ , a następnie trzeba skręcić ⟨방향⟩ . Bank jest obok ⟨건물명⟩ .

먼저 ⟨시간⟩ 동안 직진한 후에 ⟨방향⟩ 하세요. 은행은 ⟨건물명⟩ 옆에 있습니다.

Ja Dziękuję za pomoc.

도와주셔 감사합니다.

단어

- przechodzień 행인
- droga 길
- dojść 도착하다 (*원형으로 씀)
- stąd ~로부터
- w lewo 왼쪽으로
- w prawo 오른쪽으로
- prosto 직진으로
- pokazać 가리키다

5

Proszę opowiedzieć o swojej pracy.

자신의 업무에 대해 이야기해 주세요.

회사와 관련된 질문의 경우, 회사에서의 일상에 대해서 이야기할 수도 있고, 자신의 업무 및 직업, 회사 소개에 대해서 상세하게 설명할 수도 있습니다. 자신의 업무에 관해 이야기를 할 경우, 회사에서 하는 업무를 파악하고 해당 국가(폴란드)와 연결해서 자신의 역할이 직장 내에서 중요함을 어필할 수 있어야 합니다.

다양한 질문 유형 파악하기

05-1

"회사"의 다양한 질문 유형입니다.

- **Czym zajmuje się pan w swojej pracy?**
  회사에서 당신이 맡은 업무는 무엇입니까?

- **Jakie jest pana stanowisko w pracy?** 회사에서 당신의 직책은 무엇입니까?

- **Na czym polega pana praca?** 당신의 직업은 무엇입니까?

- **Co pan zazwyczaj robi w pracy?** 보통 당신은 회사에서 무엇을 합니까?

05-2

"회사"에 관한 다른 표현의 질문들입니다.

시험관의 질문에는 단답형 보다 아래의 답변 뒤에 준비한 스크립트를 자연스럽게 이어서 답변하는 것이 좋습니다. 추가 질문이 답변한 스크립트 안에서 나올 수 있도록 질문을 유도하는 것이 중요합니다.

① Gdzie znajduje się pana firma? 당신의 회사는 어디에 위치해 있습니까?

> Moja firma ma siedzibę w Seulu. Mam blisko do pracy, dojazd metrem zajmuje pół godziny.
> 저의 회사 소재지는 서울에 있습니다. 회사까지는 가까워, 지하철로 30분 정도 걸립니다.

② Czym zajmuje się pan w pracy? 당신은 회사에서 무슨 업무를 담당하고 있습니까?

> W pracy zajmuję się marketingiem i codziennie mam spotkania z partnerami.
> 저는 마케팅 업무를 담당하고 있고, 매일 파트너와 미팅을 갖습니다.

③ Jakie jest pana stanowisko w pracy? 회사에서 직책이 어떻게 됩니까?

> Pracuję w tej firmie już 10 lat. Jestem menedżerem. Rok temu dostałem awans.
> 벌써 10년 째 이 회사에서 근무하고 있습니다. 저는 매니저입니다. 1년 전에 승진했습니다.

Zwykle zaczynam pracę o ósmej. Najpierw sprawdzam e-mail pijąc kawę. Zawsze mam dużo wiadomości, dlatego zajmuje to dużo czasu. W pracy sprawdzam i zatwierdzam nowe lokalizacje na centrum logistyczne. Kilka razy dziennie mam spotkania z partnerami. Żeby przygotować się na spotkanie, muszę zawsze kserować i skanować dokumenty. Po obiedzie często rozmawiam z kolegami o pracy. Czasami spotykam się z partnerami, żeby negocjować warunki biznesowe. Po spotkaniu muszę pisać i wysłać szefowi raporty. Zwykle kończę pracę o ósmej wieczorem. Długo pracuję, dlatego zawsze jestem zmęczony i zestresowany.

보통 8시에 회사 업무가 시작됩니다. 먼저 커피를 마시면서 이메일을 확인합니다. 항상 확인해야 할 소식들이 많기 때문에, 시간이 오래 걸립니다. 회사에서 물류센터의 새로운 거점을 확인하고 승인합니다. 매일 파트너와 몇 번의 회의를 갖습니다. 미팅을 준비하기 위해서는 항상 서류를 복사하고 스캔을 해야만 합니다. 점심 후에는 회사 동료들과 업무에 대한 이야기를 자주 합니다. 비즈니스 조건을 협상하기 위해 종종 파트너와 함께 만나기도 합니다. 미팅 후에는 보고서를 쓰고 상사에게 보내야 합니다. 보통 저녁 8시에 회사 업무가 끝이 납니다. 오랫동안 일을 하기 때문에 항상 피곤하고 스트레스를 받습니다.

단어

□ sprawdzać 확인하다
□ zajmować + 시간 (시간이) 걸리다
□ zatwierdzać 승인하다

□ nowa lokalizacja 새로운 거점
□ centrum logistyczne 물류센터
□ negocjować 협상하다

□ kserować 복사하다
□ warunki biznesowe 사업(비즈니스) 조건
□ być zestresowany/a (남/여)
  스트레스를 받다

만들어 보세요! 나에게 맞는 스토리로 만들어 외워 보세요.

Zwykle zaczynam pracę o ⎡(시간)⎤ . Najpierw sprawdzam ①(확인 사항) pijąc kawę. Zawsze mam dużo wiadomości, dlatego zajmuje to dużo czasu. W pracy sprawdzam i zatwierdzam ② ⎡(내용)⎤ na ③ ⎡(장소)⎤ . Kilka razy dziennie mam spotkania z partnerami. Żeby przygotować się na spotkanie, muszę zawsze ④ ⎡(하는 일)⎤ ⎡⎤ . Po obiedzie często rozmawiam z kolegami o pracy. Czasami spotykam się z ⑤ ⎡(참석자)⎤ , żeby negocjować ⑥ ⎡(협상 내용)⎤ . Po spotkaniu muszę pisać i wysłać szefowi raporty. Zwykle kończę pracę o ósmej wieczorem. Długo pracuję, dlatego zawsze jestem ⑦ ⎡(기분/컨디션)⎤ .

보통 ⎡ ⎤에 회사 업무가 시작됩니다. 먼저 커피를 마시면서 ① 을 확인합니다. 항상 확인해야 할 소식들이 많기 때문에, 시간이 오래 걸립니다. 회사에서 ③ 의 ② 을 확인하고 승인합니다. 매일 파트너와 몇 번의 회의를 갖습니다. 미팅을 준비하기 위해서는 항상 ④ 해야만 합니다. 점심 후에는 회사 동료들과 업무에 대한 이야기를 자주 합니다. ⑥ 을 협상하기 위해 종종 ⑤ 와 함께 만나기도 합니다. 미팅 후에는 보고서를 쓰고 상사에게 보내야 합니다. 보통 저녁 8시에 회사 업무가 끝이 납니다. 오랫동안 일을 하기 때문에 항상 ⑦ .

패턴별 다른 표현들 | 나에게 맞는 표현을 찾아 위의 문장에 대입시켜 보세요.

①	확인 사항	• 서류 dokumenty (복수) • 소포 paczki (복수) • 스케줄 harmonogram
②	내용	• 품질 jakość • 보고서 raporty (복수) • 서류 dokumenty (복수) • 계약서 umowa
③	장소	• 공장 fabryka • 회사 firma • 새로운 센터 nowe centrum
④	하는 일	• 서류/계약서를 검토하고 출력하다 sprawdzać i drukować dokumenty/umowę • 프레젠테이션을 준비하다 przygotowywać prezentację
⑤	참석자	• 고객 klient • 동료들 koledzy • 상사 szef
⑥	협상 내용	• 단가 cena • 작업환경 środowisko pracy • 계약 기간 długość umowy
⑦	기분(컨디션)	• 긴장된다 być zdenerwowany • 컨디션이 좋지 않다 nie dobrze się czuję

* 〈부록〉 기초 단어를 활용해 다양한 표현을 만들어 보세요.

Pracuję w firmie CJ jako menedżer. Moja firma znajduje się w Seulu. CJ jest globalną firmą, która głównie zajmuje się łańcuchem dostaw i logistyką. Moje zadania to głównie badanie rynku i promocja naszych produktów. Zarządzam dużymi projektami w Europie, dlatego moja rola jest bardzo ważna. Często spotykam się też z partnerami, żeby negocjować warunki transakcji i dostaw. Moja praca jest trudna, ale bardzo ją lubię.

저는 CJ에서 매니저로 근무하고 있습니다. 저희 회사는 서울에 위치해 있습니다. CJ는 글로벌 회사로, 공급망과 물류를 주로 담당하고 있습니다. 제가 맡은 일은 주로 시장 조사를 하고 우리의 제품을 홍보하는 일입니다. 유럽에서 큰 프로젝트를 관리하고 있기 때문에 저의 역할은 매우 중요합니다. 거래 및 공급 조건을 협상하기 위해서 자주 파트너와 함께 만남을 갖습니다. 제 일은 어렵지만, 제 일을 좋아합니다.

단어

- znajdować się w ~에 위치해 있다
- globalna firma 글로벌 회사
- głównie 주로
- łańcuch dostaw 공급 망
- logistyka 물류
- badanie 시험, 조사, 연구
- promocja 홍보, 촉진, 증진
- zarządzać ~를 관할하다, 경영하다, 관리하다
- warunki transakcji (복수) 거래 조건

만들어 보세요! 나에게 맞는 스토리로 만들어 외워 보세요.

Pracuję w firmie (회사명) jako ① (직책) . Moja firma znajduje się w (지역) . (회사명) jest globalną firmą, która głównie zajmuje się ② (담당 업무) . Moje zadania to głównie ② (담당 업무) . Zarządzam ② (담당 업무) w Europie, dlatego moja rola jest bardzo ważna. Często spotykam się też z ④ (참석자) , żeby negocjować ③ (선정 대상) . Moja praca jest trudna, ale bardzo ją lubię.

저는 에서 ① 로 근무하고 있습니다. 저희 회사는 에 위치해 있습니다. 는 글로벌 회사로, ② 를 주로 담당하고 있습니다. 제가 맡은 일은 주로 ② . 유럽에서 ② 를 관리하고 있기 때문에 저의 역할은 매우 중요합니다. ③ 을 협상하기 위해서 자주 ④ 와 함께 만남을 갖습니다. 제 일은 어렵지만, 제 일을 좋아합니다.

패턴별 다른 표현들 | 나에게 맞는 표현을 찾아 위의 문장에 대입시켜 보세요.

①	직책	• 상사 szef • 부장 dyrektor • 팀장 team leader
②	담당 업무	• 마케팅 marketing • 한국 식품 koreańska żywność • 텔레마케팅 telemarketing • 홍보 promocja • 발주 진행 realizacja zamówień
③	선정 대상	• 좋은 품질 dobra jakość • 경쟁력이 좋은 제품 konkurencyjne produkty (복수) • 가성비가 좋은 제품 produkt w rozsądnej cenie • 최신 기술력 nowoczesna technologia
④	참석자	• 고객들 klienci • 협력사 firma partnerska

* 〈부록〉 기초 단어를 활용해 다양한 표현을 만들어 보세요.

1. **W jakich godzinach pan pracuje?** 당신은 몇 시간 근무를 합니까?

① 보통 저는 아침 8시부터 18시까지 근무를 합니다. 저는 야근을 좋아하지 않습니다.

Zazwyczaj pracuję od ósmej do osiemnastej. Nie lubię pracować po godzinach.

② 거의 매일 저는 일이 많습니다. 저는 보통 저녁 10시 이후에 일이 끝납니다.

Prawie codziennie mam dużo pracy. Zazwyczaj kończę pracę po dziesiątej wieczorem.

2. **Ile razy dziennie ma pan spotkania biznesowe?**
매일 몇 번의 비즈니스 미팅이 있습니까?

① 보통 하루에 3번의 미팅이 있습니다. 예를 들어, 아침, 점심 후, 퇴근 전입니다.

Zazwyczaj mam spotkanie 3 razy dziennie, np. rano, po obiedzie, przed końcem pracy.

② 본 업무를 시작하기 전에 매일 아침 9시에는 회의가 있습니다.

Codziennie przed rozpoczęciem pracy, o 9 rano mamy w firmie zebranie.

3. **Co pan robi po pracy?** 퇴근 후 당신은 무엇을 합니까?

① 집에 바로 돌아가 가족과 함께 저녁을 먹습니다. 가족과 함께 시간을 보내려고 노력하는 편입니다.

Wracam do domu od razu i jem kolację z rodziną. Staram się spędzać czas z rodziną.

② 저는 퇴근 후 동료들과 만나서 함께 맥주를 마시며 저녁을 먹습니다.

Często spotykam się z współpracownikami po pracy i razem jemy kolację pijąc piwo.

1. Dlaczego wybrał pan pracę w Polsce?

당신은 어떠한 이유로 폴란드와 관련된 업무를 선택했습니까?

① 저의 회사는 글로벌 회사로, 폴란드에 투자를 계획하고 있습니다. 그래서 우선 제가 폴란드 시장 조사를 해야 합니다.

Moja firma jest globalną firmą i ma zamiar inwestować w Polsce. Dlatego muszę najpierw zrobić badanie rynku w Polsce.

② 저의 회사는 폴란드에 지사가 있습니다. 새롭고 흥미로운 것을 경험할 수 있기 때문에 그곳에서, 일하고 싶었습니다.

Moja firma ma swój oddział w Polsce. Chciałem tam pracować, bo to jest nowe i ciekawe doświadczenie.

2. Czym zajmuje się pan w pracy? 회사에서 당신의 업무는 무엇입니까?

① 다양한 프로젝트 진행을 담당하고 있기 때문에, 회사에서의 제 역할은 굉장히 중요합니다.

Moja rola jest bardzo ważna, bo zarządzam różnymi projektami.

② 저는 HR 업무를 담당하고, 신입사원을 채용하는 일을 하고 있습니다.

Zajmuję się HR, zatrudniam nowych pracowników.

3. Czy ma pan czasami problemy w pracy? Czy negocjacje z klientami są trudne? 회사에서 문제가 발생하기도 합니까? 고객과의 협상은 어렵습니까?

① 저는 회사에서 비즈니스 미팅할 때 스트레스를 받습니다. 경쟁이 심하기 때문에 고객과의 협상은 어렵습니다.

Stresuję się w pracy podczas spotkań biznesowych. Negocjacje z klientami są trudne, bo konkurencja jest duża.

② 저는 좋은 협상가이기 때문에, 고객과의 협상이 어렵지만은 않습니다.

Jestem dobrym negocjatorem, dlatego negocjacje z klientami nie są trudne.

🎧 05-7

상황

당신은 고객과의 미팅을 준비하고 있는데 상사는 미팅 전에 당신과 이야기를 하고 싶어 합니다. 상사는 협상 준비 및 계약 준비가 완료되었는지 알고 싶어 합니다.

🎤 **Przygotowuje pan spotkanie z klientami i szef chce z panem porozmawiać przed spotkaniem. Szef chce wiedzieć, czy jest pan gotowy do negocjacji i czy umowa jest przygotowana.**

🎤 시험관 Dzień dobry, chciałbym porozmawiać z panem o spotkaniu z klientami. Jak panu idzie projekt?

안녕하세요, 고객과의 미팅에 대해서 이야기를 나누고 싶습니다. 프로젝트는 잘 진행되고 있습니까?

Ja Mamy spotkanie o pierwszej trzydzieści, dlatego teraz przygotowuję potrzebne materiały. Już poprawiłem i skserowałem umowę, żeby rozmawiać o warunkach współpracy z klientem. 1시 반에 미팅이 있어서 현재 필요한 자료들을 준비 중에 있습니다. 고객과 협업할 수 있는 조건에 대하여 논의하기 위해 계약서를 수정하고 복사해 두었습니다.

🎤 시험관 Jak pan myśli, czy uda nam się podpisać umowę? 계약이 성사될 것으로, 생각하십니까?

Ja Negocjacje będą trudne, ale myślę, że już dzisiaj uda się podpisać umowę. 협상은 어려울 수 있지만, 제 생각에 오늘 계약 진행은 성공적일 것 같습니다.

🎤 시험관 Czy prawnik sprawdził treść umowy? 변호사가 계약 내용도 검토했습니까?

Ja Tak, rozmawiałem z prawnikiem i on sprawdził dokładnie treść umowy. 네, 변호사와 이야기를 나눴고 변호사가 계약서 내용을 정확하게 확인했습니다.

🎤 시험관 Powodzenia! Jak skończy się spotkanie z klientem, proszę daj mi znać. 잘 되길 기원합니다! 고객과의 미팅이 끝나는 대로 알려주세요.

Ja Rozumiem, dziękuję. 알겠습니다. 감사합니다.

상상해 보세요! 나에게 맞는 상상속의 스토리를 만들어 보세요.

🖊 시험관 Dzień dobry, chciałbym porozmawiać z panem o spotkaniu z klientami. Jak panu idzie projekt?

안녕하세요, 고객과의 미팅에 대해서 이야기를 나누고 싶습니다. 프로젝트는 잘 진행되고 있습니까?

Ja Mamy spotkanie o ＿＿＿＿(시간)＿＿＿＿, dlatego teraz przygotowuję ＿＿＿(업무 내용)＿＿＿. Już poprawiłem i skserowałem ＿＿(준비 서류)＿＿, żeby rozmawiać o warunkach współpracy z klientem.

＿(시간)＿ 에 미팅이 있어서 현재 ＿(업무 내용)＿ 을 준비 중에 있습니다. 고객과 협업할 수 있는 조건에 대하여 논의하기 위해 ＿(준비 서류)＿ 를 수정하고 복사해 두었습니다.

🖊 시험관 Jak pan myśli, czy uda nam się podpisać umowę?

계약이 성사될 것으로, 생각하십니까?

Ja Negocjacje będą trudne, ale myślę, że już dzisiaj uda się podpisać umowę. 협상은 어려울 수 있지만, 제 생각에 오늘 계약 진행은 성공적일 것 같습니다.

🖊 시험관 Czy prawnik sprawdził ＿＿(검토할 내용)＿＿? 변호사가 ＿＿(검토할 내용)＿＿ 도 검토했습니까?

Ja Tak, rozmawiałem z prawnikiem i on sprawdził dokładnie treść umowy. 네, 변호사와 이야기를 나눴고 변호사가 계약서 내용을 정확하게 확인했습니다.

🖊 시험관 Powodzenia! Jak skończy się spotkanie z klientem, proszę daj mi znać. 잘 되길 기원합니다! 고객과의 미팅이 끝나는 대로 알려주세요.

Ja Rozumiem, dziękuję.

알겠습니다, 감사합니다.

단어

- negocjacje 협상
- umowa 계약
- przygotowany 준비된 (남) *수동분사
- potrzebny 필요한

- materiał 자료
- warunek 조건
- współpraca 협업
- udać + 여격 인칭 + się ~가 성공하다

- podpisać 서명하다
- treść: 내용
- dać + 여격 인칭 + znać ~에게 알려주다
- prawnik 변호사

Co znajduje się w okolicy pana domu?

당신의 집 주변에는 무엇이 있습니까?

집 주변에 대한 답변을 할 경우, 집 주변에 있는 장소들을 전체적
으로 설명한 후, 해당 장소에서 할 수 있는 여러 가지 활동과 자
신의 취미 활동을 자연스럽게 연결해서 답변하는 것이 좋습니다.

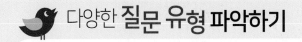 다양한 **질문 유형** 파악하기

"집 주변 묘사"의 **다양한 질문 유형**입니다.　　　　　　　　　　　　　🎧 06-1

- **Co jest niedaleko pana domu?** 당신의 집 근처에는 무엇이 있습니까?

- **Proszę opisać okolicę pana domu.** 당신의 집 주변을 묘사해 주세요.

"집 주변 묘사"에 관한 **다른 표현**의 질문들입니다.　　　　　　　　　　🎧 06-2

시험관의 질문에는 단답형 보다 아래의 답변 뒤에 준비한 스크립트를 자연스럽게 이어서 답변하는 것이 좋습니다.
추가 질문이 답변한 스크립트 안에서 나올 수 있도록 질문을 유도하는 것이 중요합니다.

① Gdzie pan mieszka? 어디에 살고 있습니까?

➡ Mieszkam w Seulu, niedaleko mojego domu jest dużo ciekawych
miejsc. Są tam restauracje, kawiarnie, centrum handlowe i mały park.
Często chodzę po pracy do centrum handlowego na zakupy.

저는 서울에서 사는데, 저희 집 근처에는 흥미로운 장소들이 많습니다. 그곳에는, 음식점, 커피숍, 백화점과 작은 공
원이 있습니다. 저는 자주 퇴근 후에 장을 보러 백화점에 갑니다.

② Co jest niedaleko pana domu? 당신의 집에서 멀지 않은 곳에는 무엇이 있습니까?

➡ Obok mojego domu jest park, restauracja, kawiarnia i sklep. Po
pracy zawsze chodzę do restauracji na kolację. Spacer do restauracji
zajmuje mi tylko 5 minut. 집 주변에는 공원, 식당, 커피숍 그리고 가게가 있습니다. 저는 항상 퇴
근 후 저녁을 먹으러 식당에 갑니다. 식당까지는 걸어서 5분 거리입니다.

③ Czy niedaleko pana domu jest dużo restauracji?
당신의 집 근처에는 식당이 많이 있습니까?

➡ Tak, jest dużo restauracji. Moje ulubione miejsce to chińska
restauracja. Chodzę tam co weekend z rodziną, jedzenie bardzo nam
smakuje. 네, 음식점이 많습니다. 제가 제일 좋아하는 곳은 중국 식당입니다. 매주 주말마다 가족과 함께 그곳
에 가는데, 음식 맛이 매우 좋습니다.

Niedaleko mojego domu można robić różne ciekawe rzeczy. Obok mojego domu jest dużo restauracji i kawiarni. W weekend często chodzę do restauracji na obiad. Znam dobrą restaurację, tam można zjeść smaczne tradycyjne koreańskie jedzenie. Zwykle nie mam wolnego czasu, dlatego mogę chodzić tam tylko w weekend z rodziną. Obok mojego domu jest też duże centrum handlowe. Bardzo lubię robić tam zakupy. 2 razy w tygodniu chodzę do centrum handlowego żeby kupować potrzebne rzeczy. Ostatnio kupiłem sobie sweter. Był drogi, ale bardzo mi się spodobał.

집에서 머지않은 곳에는 흥미롭고 다양한 것들을 즐길 수 있는 곳이 많습니다. 집 근처에는 식당과 커피숍이 많습니다. 주말에는 자주 점심을 먹으러 식당에 갑니다. 한국 전통음식을 아주 잘 요리하는 좋은 식당을 알고 있습니다. 보통 시간이 많지 않아서 가족과 함께 주말에만 그곳에 가는 편입니다. 집 옆에는 큰 백화점이 있습니다. 저는 그곳에서 쇼핑하는 것을 좋아합니다. 일주일에 2번은 필요한 물건을 사기 위해 백화점에 갑니다. 최근에는 스웨터를 샀습니다. 비싸긴 했지만, 아주 맘에 듭니다.

＊ 여격을 이용한 표현

smakuje mi : 나의 입맛에 맞다   podoba mi się : 나의 마음에 들다

 단어

□ niedaleko 멀지 않게   □ różne ciekawe rzeczy 다양하고 흥미로운 것들 (복수)   □ potrzebne rzeczy 필요한 물건들 (복수)

만들어 보세요! 나에게 맞는 스토리로 만들어 외워 보세요.

Niedaleko mojego domu można robić różne ciekawe rzeczy. Obok mojego domu jest dużo ① [장소] . W weekend często chodzę do ① [장소] na ②[식사 종류]. Znam dobrą ① [장소] , tam można zjeść smaczne ③ [음식 종류] . Zwykle nie mam wolnego czasu, dlatego mogę chodzić tam tylko [외식/쇼핑 횟수] z ④ [동행인] . Obok mojego domu jest też duże ① [장소] . Bardzo lubię robić tam zakupy. [외식/쇼핑 횟수] chodzę do ① [장소] żeby kupować potrzebne rzeczy. Ostatnio kupiłem sobie ⑤ [구매 물건]. Był drogi, ale bardzo mi się spodobał.

집에서 머지않은 곳에는 흥미롭고 다양한 것들을 즐길 수 있는 곳이 많습니다. 집 근처에는 ① 이 많습니다. 주말에는 자주 ② 먹으러 ① 에 갑니다. ③ 을 아주 잘 요리하는 좋은 ① 을 알고 있습니다. 보통 시간이 많지 않아서 ④ 과 함께 만 그곳에 가는 편입니다. 집 옆에는 큰 ① 이 있습니다. 저는 그곳에서 쇼핑하는 것을 좋아합니다. 은 필요한 물건을 사기 위해 ① 에 갑니다. 최근에는 ⑤ 를 샀습니다. 비싸긴 했지만, 아주 맘에 듭니다.

패턴별 다른 표현들 나에게 맞는 표현을 찾아 위의 문장에 대입시켜 보세요.

①	장소	· 쇼핑몰 galeria handlowa · 대형마트 hipermarket · 마트 supermarket · 가게 sklep · 미국/프랑스/일본/중국/베트남 식당 amerykańska/francuska/japońska/chińska/wietnamska restauracja
②	식사 종류	· 아침 śniadanie · 브런치 brunch · 점심 obiad · 저녁 kolacja
③	음식 종류	· 일본/폴란드/중국/미국 음식 japońskie/polskie/chińskie/amerykańskie jedzenie
④	동행인	· 동료들 koledzy z pracy · 여자친구 dziewczyna · 남자친구 chłopak
⑤	구매 물건	[복수형] · 신선한 재료 świeże składniki · 하이힐 szpilki · 청바지 jeansy · 신발 buty [단수형] · 블라우스 bluzka · 원피스 sukienka · 셔츠 koszula · 고기 mięso · 폴란드 소스 polski sos · 일본 소스 japoński sos · 베트남 소스 wietnamski sos

* 〈부록〉 기초 단어를 활용해 다양한 표현을 만들어 보세요.

Niedaleko mojego domu jest duży park. Lubię tam chodzić, bo można tam odpoczywać i uprawiać sport. Na przykład można tam spacerować i biegać słuchając muzyki. Gdy jest ładna pogoda, ludzie często robią tam piknik. Ja też w wakacje lubię robić piknik z rodziną. W parku można też grać w tenisa. Często gram w tenisa ze znajomymi. Potem lubię chodzić do pubu na piwo. Ponadto w parku jest dobra kawiarnia, czasami piję tam herbatę wieczorem z żoną. Moja żona też lubi spędzać czas w parku.

집에서 멀리 떨어지지 않은 곳에 대단지 공원이 있습니다. 그곳에서 휴식을 취하고 운동을 할 수 있어서 저는 그곳에 가는 것을 좋아합니다. 예를 들어, 거기에서는 음악을 들으며 산책과 조깅을 할 수 있습니다. 날씨가 좋을 때면 사람들은 그곳에서 피크닉을 합니다. 저 역시 휴가 때 가족과 함께 그곳에서 피크닉 즐기는 것을 좋아합니다. 공원에서는 테니스도 칠 수 있습니다. 저는 자주 지인들과 테니스를 칩니다. 그 후에는 맥주를 마시러 술집에 가는 것을 좋아합니다. 또한 공원에는 좋은 커피숍이 있어서, 가끔은 저녁에 아내와 함께 차를 마시기도 합니다. 제 아내도 공원에서 시간을 보내는 것을 좋아합니다.

단어

- odpoczywać 휴식을 취하다
- spacerować 산책하다
- biegać 조깅하다
- słuchając muzyki 음악을 들으면서
- robić piknik 피크닉을 하다
- grać w tenisa 테니스를 치다

만들어 보세요! 나에게 맞는 스토리로 만들어 외워 보세요.

Niedaleko mojego domu jest ① (장소) . Lubię tam chodzić, bo można tam ② (하는 일) i ② (하는 일) . Na przykład można tam ② (하는 일) słuchając muzyki. Gdy jest ładna pogoda, ludzie często ② (하는 일) . Ja też w wakacje lubię ② (하는 일) z ③ (동행인) . W ① (장소) można też ② (하는 일) . Często ② (하는 일) ze ③ (동행인) . Potem lubię ④ (장소/목적) . Ponadto w parku jest ① (장소) , czasami ② (하는 일) wieczorem z ③ (동행인) . (사람) też lubi spędzać czas w ① (장소) .

집에서 멀리 떨어지지 않은 곳에 ① 이 있습니다. 그곳에서 ② 고 ② 을 할 수 있어서 저는 그곳에 가는 것을 좋아합니다. 예를 들어, 거기에서는 음악을 들으며 ② 을 할 수 있습니다. 날씨가 좋을 때면 사람들은 그곳에서 ② . 저 역시 휴가 때 ③ 과 함께 그곳에서 ② 것을 좋아합니다. ① 에서는 ② 수 있습니다. 저는 자주 ③ 과 ② . 그 후에는 ④ 것을 좋아합니다. 또한 공원에는 ① 이 있어서, 가끔은 저녁에 ③ 와 함께 ② . 도 ① 에서 시간을 보내는 것을 좋아합니다.

패턴별 다른 표현들 나에게 맞는 표현을 찾아 위의 문장에 대입시켜 보세요.

①	장소	• 가게 sklep • 커피숍 kawiarnia • 식당 restauracja • 서점 księgarnia • 전통시장 tradycyjny targ • 수영장 basen • 운동장 boisko
②	하는 일	• 쇼핑하다 robić zakupy • 마시다 pić • 먹다 jeść • 사다 kupić • 경기를 보다 zobaczyć mecz • 야경을 보다 oglądać nocne widoki
③	동행인	• (남)친구들 przyjaciele • (여)친구들 przyjaciółki • 아이들 dzieci • 부모님 rodzice
④	장소/목적	• 차/커피를 마시러 커피숍에 가다 chodzić do kawiarni na herbatę/kawę • 마트/가게/백화점에 장을 보러 가다 chodzić do supermarketu/sklepu/centrum handlowego na zakupy

* 〈부록〉 기초 단어를 활용해 다양한 표현을 만들어 보세요.

1. Co jest niedaleko pana domu? 당신의 집 근처에는 무엇이 있습니까?

① 집에서 멀지 않은 곳에 백화점이 있고 필요한 장소들은 거의 대부분 집 근처에 있습니다. 그곳에는 마트, 약국, 은행과 서점이 있습니다. 또한 가까운 곳에 대단지 공원이 있습니다.

Niedaleko mojego domu jest centrum handlowe i tam jest prawie wszystko czego potrzebuję. Jest tam supermarket, apteka, bank i księgarnia. Ponadto w pobliżu jest też duży park.

② 저는 시골에 살고 있어서, 집 근처에는 작은 공원밖에 없습니다. 쇼핑을 하고 싶을 때에는 도심까지 나가야 합니다.

Mieszkam na wsi, dlatego obok mojego domu jest tylko mały park. Gdy chcę robić zakupy, muszę jechać do miasta.

2. Czy ma pan ulubione miejsce obok domu?
집 근처에 당신이 가장 좋아하는 장소가 있습니까?

① 네, 제가 가장 좋아하는 커피숍이 있습니다. 그 커피숍은 저의 집 바로 앞에 있습니다. 그곳에서 자주 주스를 마시고 친구들과 만납니다.

Tak, mam ulubioną kawiarnię. Ta kawiarnia jest przed moim domem. Często piję tam sok i spotykam się z kolegami.

② 네, 제가 가장 좋아하는 장소는 공원입니다. 저는 거의 매일 공원에 산책하러 갑니다.

Tak, moje ulubione miejsce to park. Prawie codziennie chodzę na spacer do parku.

3. Podoba się panu okolica swojego mieszkania? 자신의 집이 마음에 듭니까?

① 네, 제 집 주변이 아주 맘에 듭니다. 편하기 때문에, 다른 곳으로 이사하고 싶지 않습니다.

Tak, bardzo podoba mi się okolica mojego mieszkania. Jest wygodna, dlatego nie chcę przeprowadzać się.

② 네, 마음에 듭니다. 작지만 필요한 것들은 모두 그곳에 있습니다.

Tak, podoba mi się. Jest mała, ale mam tam wszystko czego potrzebuję.

1. Kiedy robi pan piknik w parku, co pan przygotowuje?

당신은 공원에서 피크닉을 할 때, 무엇을 준비합니까?

① 제 딸은 피크닉 하는 것을 정말 좋아해서 저희는 공원에 자주 갑니다. 먼저 간식과 음료를 준비하는데, 예를 들어 딸을 위한 주스, 아내를 위한 커피, 샌드위치, 샐러드와 과일을 준비합니다. 우리는 자주 공원에서 가벼운 점심을 먹습니다.

Moja córka bardzo lubi robić piknik, często chodzimy razem do parku. Najpierw przygotujemy przekąski i napoje, na przykład sok dla córki, kawę dla żony, kanapki, sałatkę i owoce. Często jemy lekki obiad w parku.

② 공원에는 가게와 커피숍이 있어서 아무것도 준비할 필요가 없습니다. 저는 가게와 커피숍에서 필요한 것을 삽니다.

W parku jest sklep i kawiarnia, dlatego nie trzeba nic przygotowywać. Kupuję wszystko w sklepie i kawiarni.

2. Jak często chodzi pan do parku? 얼마나 자주 공원에 가요?

① 거의 매일 가족과 함께 공원에 갑니다. 주중에는 산책을 하고 주말에는 피크닉을 합니다.

Prawie codziennie chodzę do parku z rodziną. W tygodniu spacerujemy, a w weekend robimy piknik.

② 저는 그곳에서 조깅하는 것을 좋아하여, 일주일에 2번은 공원에 갑니다.

2 razy w tygodniu chodzę do parku, lubię tam biegać.

3. Co jeszcze jest koło pana domu oprócz parku?

공원을 제외하고 집 근처에 무엇이 더 있습니까?

① 집에서 멀리 떨어지지 않는 곳에 전통 시장이 있습니다. 우리는 그곳에서 산책 후에 신선한 과일과 채소를 삽니다.

Niedaleko mojego domu jest też tradycyjny targ. Po spacerze kupujemy tam świeże owoce i warzywa.

② 집 근처에는 대형마트가 있어서, 공원에서 산책한 후에는 자주 그곳에서 쇼핑을 합니다.

W pobliżu mojego domu jest hipermarket, po spacerze w parku często robię tam zakupy.

🎧 06-7

상황

당신은 머리가 아프고 목이 아파서 병원을 찾았습니다. 의사는 다른 증상이 있는지 물어보고 약 처방을 해 줍니다.

🎤 **Bolą pana głowa i gardło, dlatego idzie pan do lekarza. Lekarka pyta się, czy ma pan też inne objawy i daje panu receptę na leki.**

🎤 시험관 Dzień dobry. Co panu dolega?

안녕하세요. 어디가 아파서 오셨나요?

Ja Bolą mnie głowa i gardło.

머리와 목이 아픕니다.

🎤 시험관 Ma pan katar? 콧물이 있습니까?

Ja Tak, mam katar i kaszel. Wczoraj miałem też wysoką gorączkę.

네, 콧물과 기침이 있습니다. 어제는 고열이 있었습니다.

🎤 시험관 Niestety pan ma grypę. Musi pan leżeć w łóżku i odpoczywać przez 3 dni. To wszystko. Tutaj jest recepta. Proszę kupić te tabletki i brać je przez 3 dni. Za trzy dni proszę przyjść ponownie na kontrolę.

안타깝게도 독감에 걸리셨습니다. 침대에 누워서 3일 정도는 푹 쉬셔야 합니다. 이상입니다. 여기 처방전입니다. 처방 약을 구입하고 3일간 복용하세요. 3일 뒤에 다시 병원으로 오시면 됩니다.

Ja Dziękuję. Do widzenia.

감사합니다. 안녕히 계세요.

상상해 보세요! 나에게 맞는 상상속의 스토리를 만들어 보세요.

✎시험관 **Dzień dobry. Co panu dolega?**

안녕하세요. 어디가 아파서 오셨나요?

🔵 Ja **Bolą mnie** (아픈 증상) **.**

(아픈 증상) 이 아픕니다.

✎시험관 **Ma pan** (아픈 증상) **?** (아픈 증상) 이 있습니까?

🔵 Ja **Tak, mam** (아픈 증상) **. Wczoraj miałem też wysoką gorączkę.**

네, (아픈 증상) 이 있습니다. 어제는 고열이 있었습니다.

✎시험관 **Niestety pan ma** (병명) **. Musi pan leżeć w łóżku i odpoczywać przez** (기간) **. To wszystko. Tutaj jest recepta. Proszę kupić te tabletki i brać je przez** (기간) **. Za** (기간) **proszę przyjść ponownie na kontrolę.**

안타깝게도 (병명) 에 걸리셨습니다. 침대에 누워서 (기간) 정도는 푹 쉬셔야 합니다. 이상입니다, 여기 처방전입니다. 처방 약을 구입하고 (기간) 간 복용하세요. (기간) 뒤에 다시 병원으로 오시면 됩니다.

🔵 Ja **Dziękuję. Do widzenia.**

감사합니다. 안녕히 계세요.

아픈 증상에 대하여 이야기할 경우

* 아픈 곳이 단수일 경우 : boli + 아픈 대상 (목적격) + 아픈 곳 (주격)
* 아픈 곳이 복수일 경우 : bolą + 아픈 대상 (목적격) + 아픈 곳 (주격)

단어

- gardło 목구멍
- głowa 머리
- katar 콧물

- kaszel 기침
- wysoka gorączka 고열
- recepta 처방전

- brać tabletki 약을 복용하다
- szpital 병원 (큰 병원)
- iść do lekarza 병원에 가다

6과 당신의 집 주변에는 무엇이 있습니까?   73

Podróżował pan dużo po Korei?

당신은 한국 여행을 많이 합니까?

한국 여행과 관련된 문제의 경우, 최근에 가본 한국의 여행지를
선정해두고, '볼거리, 먹거리, 즐길 거리' 등의 다양한 소재로 외
국인에게 한국의 여행지를 소개해야 합니다. 외국인에게 잘 알려
진 '서울'이나 '평창' 등을 중심으로 자신의 경험을 바탕으로 이야
기해 보세요.

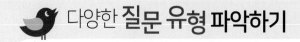 다양한 **질문 유형** 파악하기

- **Jeździ pan często po Korei?** 당신은 한국 여행을 자주 다닙니까?

- **Gdzie podróżował pan ostatnio?** 당신이 최근에 여행한 곳은 어디입니까?

- **Gdzie pan pojechał na wakacje?** 방학 때 당신이 여행한 곳은 어디입니까?

시험관의 질문에는 단답형 보다 아래의 답변 뒤에 준비한 스크립트를 자연스럽게 이어서 답변하는 것이 좋습니다.
추가 질문이 답변한 스크립트 안에서 나올 수 있도록 질문을 유도하는 것이 중요합니다.

① Dlaczego podobało się panu to miejsce? 그 장소가 왜 당신 마음에 들었나요?

➜ Mogłem robić ciekawe rzeczy, relaksowałem się i uprawiałem sport.
흥미로운 일들을 많이 경험할 수 있었고, 휴식을 취하고 스포츠를 즐길 수 있었기 때문입니다.

② Gdzie pan podróżował ostatnio w Korei? 최근에 방문한 한국 여행지가 있습니까?

➜ Ostatnio byłem w Pyeongchang. W tym mieście odbyła się olimpiada.
Jeździłem na nartach i jadłem dużo smacznego jedzenia.
최근에 평창을 다녀왔습니다. 그 도시에서 올림픽이 열렸습니다. 스키도 타고 맛있는 음식을 많이 먹었습니다.

③ Co widział pan w tym miejscu? 그 장소에서 무엇을 보았습니까?

➜ Zwiedziłem muzeum i galerię sztuki. Wieczorem oglądałem zachód
słońca w górach.
저는 박물관과 갤러리를 구경했습니다. 저녁에는 산에서 일몰을 감상했습니다.

Kangreung to znane i popularne miasto w Korei. Jest tam czyste morze i ludzie chętnie podróżują tam w wakacje. Nad morzem jest dużo kawiarni, można pić dobrą kawę oglądając ładne widoki. Wieczorem można spróbować dobrego wina i owoców morza. W Kangreung produkuje się różne wina. Ponadto w zimie można tam jeździć na nartach. W Korei zimą pada dużo śniegu. Myślę, że warto pojechać do Kangreung na wakacje, polecam to miasto.

한국에는 강릉이라는 유명하고 인기 있는 도시가 있습니다. 그곳에는 깨끗한 바다가 있어 사람들은 휴가철에 그곳에서 여행을 즐깁니다. 해변가에는 커피숍이 즐비해 있어, 아름다운 경치를 보며 맛이 좋은 커피를 마실 수 있습니다. 저녁에는 좋은 와인과 해산물을 맛볼 수 있습니다. 강릉에서는 다양한 와인을 제조합니다. 또한 겨울에는 그곳에서 스키도 탈 수 있습니다. 한국의 겨울은 눈이 많이 내립니다. 휴가철 강릉은 가볼 만한 가치가 있는 곳이라 생각해서 이 도시를 추천합니다.

단어

- znane miasto 유명한 도시
- czyste morze 깨끗한 바다
- nad morzem 해변가에는
- oglądając 보면서
- spróbować 시도하다
- produkować ~를 제조하다
- zimą 겨울에는
- jeździć na nartach 스키를 타다
- polecać 추천하다

만들어 보세요! 나에게 맞는 스토리로 만들어 외워 보세요.

_____(지역)_____ to znane i popularne miasto w Korei. Jest tam czyste morze i ludzie chętnie podróżują tam w wakacje. Nad morzem jest dużo ① _____(방문지)_____, można ② _____(할 수 있는 것)_____ oglądając ładne widoki. Wieczorem można ② _____(할 수 있는 것)_____. W _____(지역)_____ produkuje się różne wina. Ponadto w zimie można tam ② _____(할 수 있는 것)_____. W Korei zimą pada dużo śniegu. Myślę, że warto pojechać do _____(지역)_____ na wakacje, polecam to miasto.

한국에는 ___이라는 유명하고 인기 있는 도시가 있습니다. 그곳에는 깨끗한 바다가 있어 사람들은 휴가철에 그곳에서 여행을 즐깁니다. 해변가에는 ① ___이 즐비해 있어, 아름다운 경치를 보며 ② ___ 수 있습니다. 저녁에는 ② ___ 수 있습니다. ___에서는 다양한 와인을 제조합니다. 또한 겨울에는 그곳에서 ② ___ 수 있습니다. 한국의 겨울은 눈이 많이 내립니다. 휴가철 ___ 은 가볼 만한 가치가 있는 곳이라 생각해서 이 도시를 추천합니다.

패턴별 다른 표현들 | 나에게 맞는 표현을 찾아 위의 문장에 대입시켜 보세요.

① 방문지	· 식당 restauracja · 전통시장 tradycyjny targ · 박물관 muzeum · 산 góra · 아이를 위한 공간 miejsce dla dzieci · 호텔 hotel · 공원 park
② 할 수 있는 것	· 맛있는 음식을 먹다 jeść smaczne potrawy · 전통차를 시음하다 spróbować tradycyjnej herbaty · 박물관을 구경하다 zwiedzać muzeum · 등산을 하다 chodzić po górach · 아이들과 놀다 bawić się z dziećmi

＊〈부록〉기초 단어를 활용해 다양한 표현을 만들어 보세요.

Chciałbym przedstawić stolicę Korei, to Seul. W Seulu można robić różne rzeczy. Po pierwsze, w Seulu jest ulica Insa-dong, gdzie można zobaczyć tradycyjną koreańską kulturę. Można tam też kupić koreańskie pamiątki. Na przykład: tradycyjne ubrania, torby i kosmetyki. Koreańskie kosmetyki są popularne i tanie, ale jakość jest bardzo dobra. Po drugie, warto odwiedzić pałac Gyeongbokgung. Tam można ubrać na spacer tradycyjny strój hanbok. Po trzecie, proponuję jechać do Namsan Seoul Tower. Tam można zobaczyć jak wygląda Seul nocą. To ulubione miejsce turystów. Myślę, że Seul to bardzo piękne i ekscytujące miasto.

한국의 수도인 서울을 소개하고 싶습니다. 서울에서는 다양한 체험을 할 수 있습니다. 첫 번째로, 서울에는 한국의 전통문화를 엿볼 수 있는 인사동이라는 거리가 있습니다. 그곳에서는 한국 기념품도 살 수 있습니다. 예를 들어, 전통 의상, 가방과 화장품입니다. 한국 화장품은 싸고 품질이 좋기로 유명합니다. 두 번째로, 경복궁은 구경할 만한 가치가 있습니다. 그곳에서는 전통 의상인 한복을 입어볼 수 있습니다. 세 번째로, 남산 서울타워를 가보는 것도 추천합니다. 그곳에서는 서울의 야경을 볼 수 있습니다. 그곳은 관광객들이 가장 좋아하는 장소입니다. 저는 서울이 매우 아름답고 흥미로운 도시라고 생각합니다.

단어

- stolica 수도
- ulica 거리
- tradycyjna kultura 전통문화
- pamiątki 기념품 (복수)
- kosmetyki 화장품 (복수)
- jakość 품질 (예외: 여성명사)
- pałac 궁
- tradycyjny strój 전통 의상
- strój 의상
- ekscytujący 흥미로운

만들어 보세요! 나에게 맞는 스토리로 만들어 외워 보세요.

Chciałbym przedstawić stolicę Korei, to Seul. W Seulu można robić różne rzeczy. Po pierwsze, w Seulu jest ① ⬚⬚⬚ (전통 거리), gdzie można zobaczyć tradycyjną koreańską kulturę. Można tam też kupić koreańskie pamiątki. Na przykład: tradycyjne ubrania, torby i kosmetyki. Koreańskie kosmetyki są popularne i tanie, ale jakość jest bardzo dobra. Po drugie, warto odwiedzić ① ⬚⬚⬚ (전통 거리). Tam można ubrać na spacer tradycyjny strój hanbok. Po trzecie, proponuję jechać do ② ⬚⬚⬚ (야경 명소). Tam można zobaczyć jak wygląda Seul nocą. To ulubione miejsce turystów. Myślę, że Seul to bardzo piękne i ekscytujące miasto.

한국의 수도인 서울을 소개하고 싶습니다. 서울에서는 다양한 체험을 할 수 있습니다. 첫 번째로, 서울에는 한국의 전통문화를 엿볼 수 있는 ① ⬚⬚ 이라는 거리가 있습니다. 그곳에서는 한국 기념품도 살 수 있습니다. 예를 들어, 전통 의상, 가방과 화장품입니다. 한국 화장품은 싸고 품질이 좋기로 유명합니다. 두 번째로, ① ⬚⬚ 은 구경할 만한 가치가 있습니다. 그곳에서는 전통 의상인 한복을 입어볼 수 있습니다. 세 번째로, ② ⬚⬚ 를 가보는 것도 추천합니다. 그곳에서는 서울의 야경을 볼 수 있습니다. 그곳은 관광객들이 가장 좋아하는 장소입니다. 저는 서울이 매우 아름답고 흥미로운 도시라고 생각합니다.

패턴별 다른 표현들 나에게 맞는 표현을 찾아 위의 문장에 대입시켜 보세요.

① 전통 거리	• 북촌 Bukchon • 한옥 마을 wioska Hanok • 창덕궁 pałac Changdeok	
② 야경 명소	• 석촌 호수 jezioro Seokchon • 낙산 공원 park Naksan	• 한강 rzeka Han

※ 〈부록〉 기초 단어를 활용해 다양한 표현을 만들어 보세요.

1. **Kiedy był pan ostatnio w Kangreung?** 최근 강릉에는 언제 갔었나요?

① 폴란드어 공부 시작하기 2달 전에 다녀왔습니다.

Byłem tam 2 miesiące temu, zanim zacząłem się uczyć języka polskiego.

② 저는 지난주 금요일에 강릉에 가서 그곳에서 3일을 보냈습니다.

Pojechałem do Kangreung w zeszły piątek i spędziłem tam 3 dni.

2. **Jakie jedzenie jest najbardziej znane w Kangreung?**
강릉에는 어떤 음식이 유명합니까?

① 신선한 해산물을 먹어 보시길 추천합니다. 제 입맛에는 새우가 가장 맛있습니다.

Proponuję zjeść świeże owoce morza. Najbardziej smakują mi krewetki.

② 그곳은 신선한 생선이 유명합니다. 다양한 종류의 맛 좋은 생선을 맛볼 수 있습니다.

Świeże ryby są tam popularne. W Kangreung można próbować wielu różnych smacznych ryb.

3. **Jak często jeździ pan do Kangreung?** 얼마나 자주 강릉에 갑니까?

① 재미있는 시간을 보낼 수 있기 때문에, 적어도 1년에 2번은 그곳에 갑니다. 제 아내 역시 그곳에 가는 것을 좋아합니다.

Jeżdżę tam przynajmniej 2 razy w roku, bo można tam ciekawie spędzić czas. Moja żona też lubi jeździć do tego miasta.

② 안타깝게도, 강릉은 멀기 때문에 그곳에 자주 가지는 못합니다.

Niestety Kangreung jest daleko, dlatego nie mogę tam jeździć często.

1. Jak często podróżuje pan po Korei? 얼마나 자주 국내 여행을 합니까?

① 국내 여행을 하는 것을 좋아하지만, 시간이 충분하지 않을 때에는 주말에 서울에 가곤 합니다. 적어도 한 달에 한 번은 가족과 함께 서울에 갑니다.

Lubię podróżować po Korei, ale jeżeli mam mało czasu, wolę w weekend zwiedzać Seul. Przynajmniej raz na miesiąc jeżdżę do Seulu z rodziną.

② 보통 바쁘기 때문에, 여행을 자주 가지는 못합니다. 휴가 때만 여행을 갑니다.

Zazwyczaj jestem zajęty, dlatego nie mogę często podróżować. Podróżuję tylko wtedy, gdy mam urlop.

2. Jak daleko jest Seul od pana domu? 당신의 집에서 서울까지는 얼마나 걸리나요?

① 지하철로 1시간 정도로 멀지는 않습니다.

Niedaleko, dojazd metrem trwa godzinę.

② 저는 다른 도시에 살고 있어서 서울까지 3시간 정도 버스를 타고 갑니다.

Mieszkam w innym mieście, jeżdżę autobusem 3 godziny do Seulu.

3. Woli pan mieszkać w Seulu czy poza Seulem?
당신은 서울에서 사는 것이 좋습니까 아니면 서울 외곽에서 사는 것이 좋습니까?

① 서울의 집값이 너무 비싸기 때문에 서울 외곽에 사는 것을 더 선호합니다. 서울에 사는 것은 분명 편리하지만 도시는 복잡하고 늘 교통체증에 시달립니다.

Wolę mieszkać poza Seulem, ponieważ mieszkanie w Seulu jest za drogie. W Seulu mieszka się wygodnie, ale miasto jest skomplikowane i zawsze są tam korki.

② 지루할 틈이 없기 때문에 서울에 사는 것을 선호합니다. 도시에는 필요한 모든 것이 있습니다.

Wolę mieszkać w Seulu, ponieważ nigdy się nie nudzę. W mieście jest wszystko czego potrzebuję.

Role Play

OPI 시험을 마치기 전 마지막 코스로 '롤플레이'를 진행하게 됩니다. 하나의 상황을 시험관이 제시하고 해당 역할을 주면,
그 역할의 인물이 되어 시험관과 함께 '역할극'을 하게 됩니다. 주어진 상황에 맞게 역할극을 연습해 보세요.

🎧 07-7

상황

당신은 연비가 좋은 자동차를 3일간 렌트하고 싶습니다. 직원은 렌트 비용을 확인합니다. 당신은 보험에
대해서 물어봅니다.

🎙 **Chce pan wypożyczyć na 3 dni samochód, który pali mało paliwa.
Pracownik wypożyczalni sprawdza koszt wynajmu. Pan pyta się o
ubezpieczenie.**

🎙 시험관 Dzień dobry, w czym mogłabym panu pomóc?

안녕하세요. 무엇을 도와드릴까요?

Ja Chciałbym wypożyczyć samochód na 3 dni. Kolor i model nie ma
znaczenia, ale chciałbym samochód, który mało pali. Poproszę o
samochód z automatyczną skrzynią biegów. Ile to będzie kosztować?

3일간 자동차 렌트를 하고 싶습니다. 차종이나 색은 상관이 없는데 연비가 좋은 자동차로 렌트하고 싶습니다. 오토로 조작
할 수 있는 차로 부탁드립니다. 비용이 얼마나 드나요?

🎙 시험관 Dobrze. Musi pan najpierw zapłacić kaucję 200 złotych. Wynajem
kosztuje 300 złotych na 3 dni. Gdy odda pan samochód, zwrócimy
kaucję. 좋습니다. 먼저 200 즈워티를 보증금으로 지불하셔야 합니다. 3일간 렌트 비용은 총 300 즈워티입니다. 차를
반납하실 때, 보증금은 반환해드립니다.

Ja Rozumiem. Czy za ubezpieczenie trzeba zapłacić osobno?

좋습니다. 자동차 보험은 별도로 지불해야 하나요?

🎙 시험관 Tak, za ubezpieczenie trzeba dopłacić 30 złotych za każdy dzień.

네, 보험료는 하루 기준 30 즈워티가 추가됩니다.

Ja Dobrze, rozumiem. Poproszę o ubezpieczenie.

좋습니다. 알겠습니다. 보험까지 들어주세요.

상상해 보세요! 나에게 맞는 상상속의 스토리를 만들어 보세요.

🖉 시험관 Dzień dobry, w czym mogłabym panu pomóc?

안녕하세요, 무엇을 도와드릴까요?

Ja Chciałbym wypożyczyć samochód na ___(기간)___. Kolor i model nie ma znaczenia, ale chciałbym samochód, który mało pali. Poproszę o samochód z automatyczną skrzynią biegów. Ile to będzie kosztować?

___(기간)___ 자동차 렌트를 하고 싶습니다. 차종이나 색은 상관이 없는데 연비가 좋은 자동차로 렌트하고 싶습니다. 오토로 조작할 수 있는 차로 부탁드립니다. 비용이 얼마나 드나요?

🖉 시험관 Dobrze. Musi pan najpierw zapłacić kaucję ___(금액)___. Wynajem kosztuje ___(금액)___ na ___(기간)___. Gdy odda pan samochód, zwrócimy kaucję. 좋습니다. 먼저 ___(금액)___ 를 보증금으로 지불하셔야 합니다. ___(기간)___ 렌트 비용은 총 ___(금액)___ 입니다. 차를 반납하실 때, 보증금은 반환해드립니다.

Ja Rozumiem. Czy za ubezpieczenie trzeba zapłacić osobno?

좋습니다. 자동차 보험은 별도로 지불해야 하나요?

🖉 시험관 Tak, za ubezpieczenie trzeba dopłacić ___(금액)___ za każdy dzień.

네, 보험료는 하루 기준 ___(금액)___ 가 추가됩니다.

Ja Dobrze, rozumiem. Poproszę o ubezpieczenie.

좋습니다, 알겠습니다. 보험까지 들어주세요.

단어

- kaucja 보증금
- ubezpieczenie 보험
- paliwo 연료
- skrzynia biegów 변속기
- płacić 지불하다
- zwrot 반환
- wypożyczalnia samochodów 렌트카 회사

Czy był pan kiedyś w Polsce?

당신은 폴란드에 가본 적이 있습니까?

폴란드와 관련된 문제의 경우, 폴란드에 대한 경험 유/무에 따라
질문 유형이 달라질 수 있습니다. 전체적인 폴란드의 문화와 주
요 관광지, 전통음식 등에 대해 답변을 준비해 보세요.

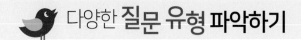
다양한 질문 유형 파악하기

"폴란드 경험"의 다양한 질문 유형입니다. 🎧 08-1

- **Czy podróżował pan kiedyś po Polsce?** 당신은 폴란드 여행을 해본 적이 있습니까?

- **Chce pan pojechać na wakacje do Polski?**
  당신은 휴가 때 폴란드로 여행을 가고 싶습니까?

- **Wie pan coś o Polsce?** 당신은 폴란드에 대하여 아는 것이 있습니까?

- **Co wie pan na temat Polski?** 당신은 폴란드에 대해 무엇을 알고 있습니까?

"폴란드 경험"에 관한 다른 표현의 질문들입니다. 🎧 08-2

시험관의 질문에는 단답형 보다 아래의 답변 뒤에 준비한 스크립트를 자연스럽게 이어서 답변하는 것이 좋습니다.
추가 질문이 답변한 스크립트 안에서 나올 수 있도록 질문을 유도하는 것이 중요합니다.

① Kiedy był pan w Polsce? 당신은 폴란드에 가본 적이 있습니까?

➡ Byłem w Polsce rok temu przez 3 dni. Podróżowałem wtedy po Europie i przy okazji pojechałem do Krakowa i Warszawy.
저는 1년 전에 3일 정도 폴란드에 갔습니다. 유럽 여행 중이었는데 그때 크라쿠프와 바르샤바에 갈 기회가 있었습니다.

② Co pan jadł w Polsce? 폴란드에서 무엇을 먹었습니까?

➡ Jadłem bigos, pierogi i golonkę. To są potrawy bardzo podobne do koreańskiego jedzenia. Ponadto spróbowałem polskiego piwa. 비고스, 피에
로기와 골론카를 먹었습니다. 이 음식들은 한국 음식과 매우 유사합니다. 또한 폴란드 맥주도 마셔보았습니다.

③ Co pan zobaczył w Polsce? 폴란드에서 무엇을 보았습니까?

➡ W Krakowie zwiedziłem zamek Wawel, a w Warszawie byłem w Pałacu Kultury i Nauki. 저는 크라쿠프에 있는 바벨성을 구경하였고, 바르샤바에 머물렀을 때에는
문화과학궁전을 가보았습니다.

Zanim zacząłem pracować w CJ, byłem w Polsce na krótkiej wycieczce. Byłem w Krakowie tylko jeden dzień. Wtedy nie miałem dużo czasu, żeby podróżować po Polsce, bo nagle musiałem szybko wrócić do Korei. Kiedy byłem w Krakowie, bardzo podobało mi się Stare Miasto. Spróbowałem tradycyjnego polskiego jedzenia i piłem polskie piwo. Ponadto zwiedziłem kopalnię soli, Wieliczka i zamek Wawel. Spędziłem miło czas, chociaż to był tylko jeden dzień. Teraz planuję podróżować po Polsce w marcu, wtedy chciałbym zobaczyć więcej miejsc i zrobić dużo zdjęć. Gdy pojadę do Polski, chciałbym też rozmawiać z Polakami po polsku, dlatego pilnie uczę się języka polskiego.

CJ에서 근무를 시작하기 전에, 저는 짧은 여행차 폴란드에 다녀왔습니다. 크라쿠프에서 하루 있었습니다. 갑자기 한국에 빨리 귀국해야 해서 당시에 폴란드를 여행할 시간이 충분하지 않았습니다. 잠시 크라쿠프에 머물렀을 때, 구시가지가 아주 마음에 들었습니다. 폴란드 전통음식을 맛보았고, 폴란드 맥주를 마셨습니다. 그리고 소금광산, 비엘리츠카와 바벨성도 구경했습니다. 단 하루였지만, 아주 좋은 시간을 보냈습니다. 저는 3월에 폴란드 여행을 계획하고 있는데, 그때 더 많은 장소를 구경하고 싶고, 사진도 많이 찍고 싶습니다. 폴란드에 가게 된다면, 폴란드 사람들과 폴란드어로 이야기를 하고 싶어서, 지금 폴란드어를 공부하고 있습니다.

---

* ~하기 전에 ~하다

「주어1 + 동사1 zanim 주어2 + 동사2」의 구조로 나타내며, '주어2 + 동사2 하기 전에 주어1 + 동사1 한다'라는 의미를 가집니다.

　　Myję się zanim chodzę spać. 저는 자기 전에 씻습니다.

단어

□ zacząć 시작하다
□ pracować 일하다
□ krótka wycieczka 짧은 여행
□ nagle 갑자기
□ kopalnia soli 소금 광산
□ chociaż 비록 ~일지라도

만들어 보세요! 나에게 맞는 스토리로 만들어 외워 보세요.

Zanim zacząłem pracować w ⬚(회사명), byłem w Polsce na krótkiej wycieczce. Byłem w ① ⬚(여행지) tylko ⬚(기간) . Wtedy nie miałem dużo czasu, żeby podróżować po Polsce, bo nagle musiałem szybko wrócić do Korei. Kiedy byłem w ① ⬚(여행지) , bardzo podobało mi się ② ⬚(방문지) . Spróbowałem tradycyjnego polskiego jedzenia i piłem polskie piwo. Ponadto zwiedziłem ② ⬚(방문지)

⬚ . Spędziłem miło czas, chociaż to był tylko ⬚(기간) . Teraz planuję podróżować po Polsce w ⬚(여행 예정일), wtedy chciałbym zobaczyć więcej miejsc i ③ ⬚(하고 싶은 일) . Gdy pojadę do Polski, chciałbym też rozmawiać z Polakami po polsku, dlatego pilnie uczę się języka polskiego.

⬚ 에서 근무를 시작하기 전에, 저는 짧은 여행차 폴란드에 다녀왔습니다. ① ⬚ 에서 ⬚ 있었습니다. 갑자기 한국에 빨리 귀국해야 해서 당시에 폴란드를 여행할 시간이 충분하지 않았습니다. 잠시 ① ⬚ 에 머물렀을 때, ② ⬚ 가 아주 마음에 들었습니다. 폴란드 전통음식을 맛보았고, 폴란드 맥주를 마셨습니다. 그리고 ② ⬚ 도 구경했습니다. 단 ⬚ 였지만, 아주 좋은 시간을 보냈습니다. 저는 ⬚ 에 폴란드 여행을 계획하고 있는데, 그때 더 많은 장소를 구경하고 싶고, ③ ⬚ 고 싶습니다. 폴란드에 가게 된다면, 폴란드 사람들과 폴란드어로 이야기를 하고 싶어서, 지금 폴란드어를 공부하고 있습니다.

▶ 패턴별 다른 표현들 | 나에게 맞는 표현을 찾아 위의 문장에 대입시켜 보세요.

① 여행지	· 바르샤바 Warszawa · 그다인스크 Gdańsk · 브로추아프 Wrocław · 포즈난 Poznań · 그디니아 Gdynia · 소포트 Sopot
② 방문지	· 구시가지 Stare Miasto · 아우슈비츠 Oświęcim · 와지엔키 공원 Park Łazienki · 쇼팽 생가 Dom Chopina · 문화과학궁전 Pałac Kultury i Nauki · 국립박물관 Muzeum Narodowe
③ 하고 싶은 일	· 폴란드 기념품을 사다 kupić polskie pamiątki · 폴란드 보드카를 마시다 pić polską wódkę · 폴란드 전통 춤을 추다 tańczyć tradycyjny polski taniec · 폴란드 문화를 알게 되다 poznać polską kulturę · 쇼핑하다 robić zakupy

＊〈부록〉기초 단어를 활용해 다양한 표현을 만들어 보세요.

Jeszcze nie byłem w Polsce, ale bardzo chciałbym tam pojechać. Słyszałem od znajomych, że polskie miasta są bardzo piękne, a szczególnie warto zwiedzić Warszawę, Kraków i Gdańsk. Jeżeli polecę do Polski, chciałbym spróbować polskie tradycyjne potrawy, na przykład bigos oraz rosół. Jeszcze nie wiem wiele o Polsce, ale chciałbym poznać lepiej polską kulturę. Planuję polecieć do Polski w marcu i spędzić tam rok. W tym czasie chciałbym móc rozmawiać w pracy z Polakami po polsku i chciałbym dowiedzieć się więcej o Polsce. Dlatego zapisałem się na kurs i uczę się teraz języka polskiego.

저는 아직 폴란드에 가본 적이 없지만, 그곳에 꼭 가보고 싶습니다. 특히, 바르샤바, 크라쿠프 그리고 그다인스크와 같은 가볼 만한 아주 아름다운 도시가 있다고 지인에게 들었습니다. 제가 폴란드에 가게 되면, 비고스 혹은 로수우 같은 전통 폴란드 음식을 먹어보고 싶습니다. 아직은 폴란드에 대해 많이 알지는 못하지만, 폴란드 문화에 대해 좀 더 알고 싶습니다. 3월에 폴란드에 갈 계획이 있으며, 그곳에서 1년을 머무를 예정입니다. 그때에는 회사에서 폴란드 사람들과 폴란드어로 대화를 하고 싶고, 폴란드에 대해 더 알아보고 싶습니다. 따라서 폴란드 어학과정을 등록하였으며 폴란드어를 공부하고 있습니다.

---

* spróbować는 대표적인 소유격 동사지만, 구어체로 이야기할 때는 목적격으로 쓰는 것도 자연스러운 표현입니다.
  spróbować polskie tradycyjne potrawy = spróbować polskich tradycyjnych potraw

* więcej : 좀 더 (dużo 부사 비교급)
  Chcę mieć więcej wolnego czasu w nowym roku. 새해에는 여유시간이 좀 더 많으면 좋겠습니다.

* zapisać się na + 강좌 : (강좌)를 등록하다
  Chciałbym zapisać się na jogę. 저는 요가 수업을 등록하고 싶습니다.

단어

□ szczególnie 특히
□ tradycyjne potrawy 전통음식 (복수)
□ jedzenie 음식 (단수로만 쓰임)

□ w tym czasie 그때에
□ dowiedzieć się 알게 되다

□ kurs 강좌
□ zapisać się na + 강좌 (강좌)를 등록하다

만들어 보세요! 나에게 맞는 스토리로 만들어 외워 보세요.

Jeszcze nie byłem w Polsce, ale bardzo chciałbym tam pojechać. Słyszałem od znajomych, że polskie miasta są bardzo piękne, a szczególnie warto zwiedzić Warszawę, Kraków i Gdańsk. Jeżeli polecę do Polski, chciałbym spróbować polskie tradycyjne potrawy, na przykład ① (음식) oraz ① (음식) . Jeszcze nie wiem wiele o Polsce, ale chciałbym poznać lepiej polską kulturę. Planuję polecieć do Polski (여행 예정일) i spędzić tam (기간) . W tym czasie ②

(하고 싶은 일)

. Dlatego ③ (여행 준비)

.

저는 아직 폴란드에 가본 적이 없지만, 그곳에 꼭 가보고 싶습니다. 특히, 바르샤바, 크라쿠프 그리고 그다인스크와 같은 가볼 만한 아주 아름다운 도시가 있다고 지인에게 들었습니다. 제가 폴란드에 가게 되면, ① 혹은 ① 같은 전통 폴란드 음식을 먹어보고 싶습니다. 아직은 폴란드에 대해 많이 알지는 못하지만, 폴란드 문화에 대해 좀 더 알고 싶습니다.   에 폴란드에 갈 계획이 있으며, 그곳에서   을 머무를 예정입니다. 그때에는 ②

. 따라서 ③

패턴별 다른 표현들 | 나에게 맞는 표현을 찾아 위의 문장에 대입시켜 보세요.

①	음식	• 피에로기 pierogi • 골롱카 golonka • 카샨카 kaszanka • 로수우 rosół • 키에우바사 kiełbasa
②	하고 싶은 일	• 유명한 식당을 방문하다 odwiedzać znane restauracje • 문화 탐방을 하다 poznawać kulturę • 순례길 여행을 하다 iść na pielgrzymkę
③	여행 준비	• 유명한 식당을 찾아보다 szukać znanych restauracji • 문화와 역사에 대해 공부하다 uczyć się o kulturze i historii • 여행을 준비하다 przygotować się do wycieczki

＊〈부록〉기초 단어를 활용해 다양한 표현을 만들어 보세요.

1. Kiedy był pan w Polsce? 당신은 언제 폴란드에 가보았습니까?

① 저는 3년 전에 폴란드 크라쿠프에서 단 하루 머물렀습니다.

Byłem w Polsce tylko jeden dzień w Krakowie 3 lata temu.

② 저는 5년 전에 일주일 동안 폴란드에 있었습니다.

5 lat temu byłem w Polsce przez tydzień.

2. Co podobało się panu w Polsce? 폴란드에서 무엇이 좋았나요?

① 폴란드인들이 아주 친절해서 매우 좋았습니다. 크라쿠프는 아름답고 흥미로운 도시입니다.

Było świetnie, Polacy są bardzo mili. Kraków to piękne i ciekawe miasto.

② 폴란드 음식이 매우 맛있었습니다. 제가 가장 좋아하는 음식은 비고스입니다.

Bardzo smakuje mi polskie jedzenie. Moja ulubiona potrawa to bigos.

3. Czy planuje pan jeszcze raz pojechać do Polski? 다시 폴란드에 갈 계획이 있습니까?

① OPI 시험에 통과하면 3월에 폴란드에 갈 수 있습니다. 저는 여행을 많이 하고 싶고, 바르샤바와 자코파네를 보고 싶습니다.

Jeżeli zdam egzamin OPI, mógłbym polecieć do Polski już w marcu. Chciałbym dużo podróżować i zobaczyć Warszawę i Zakopane.

② 아직까지 폴란드에 갈 계획은 없지만, 폴란드에 언젠가는 가고 싶습니다.

Nie mam jeszcze planu, ale na pewno chciałbym kiedyś polecieć do Polski.

4. Czy w Korei jest jedzenie podobne do polskich potraw?
한국에도 폴란드 음식과 비슷한 음식이 있습니까?

① 네, 피에로기는 한국의 만두와 유사합니다. 만두 역시 고기와 채소로 만들기 때문에 비슷한 맛입니다.

Tak, na przykład pierogi są podobne do koreańskich mandu. Mandu też jest robione z mięsem i warzywami, dlatego smakuje podobnie.

② 네, 골론카는 '족발'과 비슷합니다.

Tak, golonka jest podobna do „jokbal'.

1. Gdzie pan był za granicą? 당신은 해외 어디를 다녀왔나요?

① 1년 전 휴가 때 가족과 함께 일본으로 여행을 다녀왔습니다.

Rok temu w wakacje byłem z rodziną na wycieczce w Japonii.

② 회사에서 짧은 휴가를 받아 일주일 전에 베트남에 다녀왔습니다.

Tydzień temu byłem w Wietnamie, dostałem w pracy krótki urlop.

2. Co chce pan zobaczyć w Warszawie? 당신은 바르샤바에서 무엇을 보고 싶나요?

① 저는 와지엔키 공원에 가보고 싶습니다. 와지엔키 공원은 매우 예쁜 장소라고 들었습니다.

Chciałbym pojechać do Parku Łazienki. Słyszałem, że to bardzo piękne miejsce.

② 저는 쇼팽 음악을 듣는 것을 좋아해서, 쇼팽 박물관에 가고 싶습니다.

Chciałbym zobaczyć muzeum Chopina, bo lubię słuchać jego muzyki.

3. Jakiego jedzenia chce pan spróbować w Polsce?
폴란드에서 어떤 음식을 먹어 보고 싶나요?

① 예를 들어, 비고스와 피에로기와 같은 폴란드 전통음식을 먹어 보고 싶습니다.

Chciałbym zjeść polskie tradycyjne potrawy, jak np. bigos i pierogi.

② 아주 맛있다는 말을 들어서 소시지를 먹어 보고 싶습니다.

Chciałbym zjeść kiełbasę, bo słyszałem, że jest bardzo smaczna.

4. Co chce pan zabrać gdy poleci pan do Polski?
폴란드에 가게 되면, 무엇을 가져가고 싶나요?

① 전기 밥솥을 가져가고 싶습니다. 밥은 우리의 주식이지만, 폴란드에는 이런 전자제품이 없습니다.

Chcę zabrać urządzenie do gotowania ryżu. Ryż to nasze główne danie, a w Polsce nie ma takich urządzeń.

② 저는 폴란드 친구들에게 줄 한국 기념품을 가져가고 싶습니다.

Chciałbym zabrać koreańskie pamiątki dla moich polskich kolegów.

Role Play

OPI 시험을 마치기 전 마지막 코스로 '롤플레이'를 진행하게 됩니다. 하나의 상황을 시험관이 제시하고 해당 역할을 주면, 그 역할의 인물이 되어 시험관과 함께 '역할극'을 하게 됩니다. 주어진 상황에 맞게 역할극을 연습해 보세요.

 08-7

상황

당신은 바르샤바행 기차표를 구입하고 싶습니다. 당신은 몇 시에 가장 빠른 기차가 오는지와 창가 쪽에 여유 좌석이 있는지 매표원에게 묻습니다.

🎤 **Chce pan kupić bilet do Warszawy. Proszę zapytać kasjerkę, o której godzinie jest najbliższy pociąg i czy jest wolne miejsce przy oknie.**

🎤 시험관 Dzień dobry. W czym mogłabym panu pomóc?

안녕하세요. 무엇을 도와드릴까요?

Ja **Chciałbym pojechać do Warszawy. O której godzinie jest najbliższy pociąg?** 바르샤바에 가고 싶습니다. 가장 빨리 출발하는 기차가 몇 시에 있나요?

🎤 시험관 Pociąg do Warszawy odjeżdża o 12. Czas jazdy to 3 godziny.

12시에 출발하는 바르샤바행 기차가 있습니다. 소요 시간은 3시간입니다.

Ja **Jest wolne miejsce przy oknie?** 창가에 좌석이 있나요?

🎤 시험관 Niestety nie ma. Jest tylko miejsce przy korytarzu.

안타깝게도 없습니다. 복도 쪽에만 자리가 있습니다.

Ja **Czy mogę od razu kupić bilet powrotny?**

다시 돌아오는 표도 바로 구입할 수 있나요?

🎤 시험관 Tak, oczywiście. Może pan kupić bilet w obie strony.

네, 당연합니다. 왕복 표로 구입할 수 있습니다.

Ja **Dziękuję za informację.** 정보 주셔서 감사합니다.

상상해 보세요! 나에게 맞는 상상속의 스토리를 만들어 보세요.

🖊시험관 Dzień dobry. W czym mogłabym panu pomóc?

안녕하세요. 무엇을 도와드릴까요?

Ja Chciałbym pojechać do ___(장소)___. O której godzinie jest najbliższy pociąg?

___(장소)___ 에 가고 싶습니다. 가장 빨리 출발하는 기차가 몇 시에 있나요?

🖊시험관 Pociąg do ___(장소)___ odjeżdża o ___(시간)___. Czas jazdy to ___(시간)___ godziny.

___(시간)___ 시에 출발하는 ___(장소)___ 행 기차가 있습니다. 소요 시간은 ___(시간)___ 시간입니다.

Ja Jest wolne miejsce przy oknie? 창가에 좌석이 있나요?

🖊시험관 Niestety nie ma. Jest tylko miejsce przy korytarzu.

안타깝게도 없습니다. 복도 쪽에만 자리가 있습니다.

Ja Czy mogę od razu kupić ___(원하는 표)___?

___(원하는 표)___ 도 바로 구입할 수 있나요?

🖊시험관 Tak, oczywiście. Może pan kupić bilet ___(원하는 표)___.

네. 당연합니다. ___(원하는 표)___ 로 구입할 수 있습니다.

Ja Dziękuję za informację. 정보 주셔서 감사합니다.

단어

- kasjer-kasjerka 매표원 (남-여)
- najbliższy 가장 가까운
- wolne miejsce 여유 좌석
- peron 승차 홈
- odjeżdżać 출발하다
- czas jazdy 소요 시간
- niestety 안타깝게도
- korytarz 복도
- bilet normalny 일반 표
- bilet ulgowy 학생 표

Jakie jest pana ulubione koreańskie jedzenie?

당신이 가장 좋아하는 한국 음식은 무엇입니까?

음식과 관련된 문제의 경우, 세계적으로 유명한 한국 대표 음식
을 소개하고, 요리하는 방법 및 좋아하는 한국 음식을 연계해서
답변하는 것이 좋습니다.

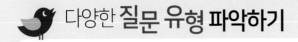 다양한 **질문 유형 파악하기**

- **Jakie koreańskie jedzenie pan lubi?** 당신은 어떤 한국 음식을 좋아합니까?
- **Jakie koreańskie jedzenie często pan je?** 당신이 자주 먹는 한국 음식은 어떤 겁니까?
- **Umie pan gotować?** 당신은 요리할 줄 아나요?
- **Wie pan jak przygotować to danie?** 이 음식을 어떻게 준비하는지 알고 있습니까?

"한국 음식"에 관한 다른 표현의 질문들입니다. 09-2

시험관의 질문에는 단답형 보다 아래의 답변 뒤에 준비한 스크립트를 자연스럽게 이어서 답변하는 것이 좋습니다. 추가 질문이 답변한 스크립트 안에서 나올 수 있도록 질문을 유도하는 것이 중요합니다.

① Zazwyczaj jakie koreańskie jedzenie lubi pan jeść?
당신은 보통 어떤 한국 음식을 (먹는 것을) 좋아합니까?

➔ Lubię jeść bulgogi. To zdrowe danie i daje mi dużo energii, jem
mięso kilka razy w tygodniu. 저는 불고기 먹는 것을 좋아합니다. 에너지를 많이 주는 건강 음식
이라, 주중에도 몇 번이고 고기를 먹습니다.

② Gdzie je pan to danie? 어디에서 이 음식을 먹나요?

➔ Zwykle jem bulgogi z rodziną. To nie jest ostra potrawa, dlatego
moja córka też lubi bulgogi. 보통은 가족과 함께 불고기를 먹습니다. 맵지 않아서 딸 역시 불고기
를 좋아합니다.

③ Umie pan je ugotować? 당신은 이 음식을 요리할 줄 아나요?

➔ Umiem gotować, ale nie jestem w tym dobry. Potrzebuję przepisu.
요리를 할 줄 알지만, 잘하는 편은 아닙니다. 레시피가 필요합니다.

Moje ulubione jedzenie to haemultang. To jest koreańska zupa. Smakuje trochę pikantnie, ale lubimy jeść haemultang z rodziną. To jest ulubiona potrawa mojej żony. Ja nie umiem dobrze gotować, ale znam przepis na haemultang. Żeby gotować tę zupę, potrzebne są takie składniki jak świeże owoce morza, warzywa, koreańskie pikantne sosy, pasta z papryki, papryka w proszku. Kiedyś spróbowałem gotować haemultang, ale nie udało mi się. Od tego momentu wolę jechać do ‚Kangrung' i jeść tam hemultang z żoną. ‚Kangrung' to nazwa restauracji popularnej w Korei.

제가 가장 좋아하는 음식은 해물탕입니다. 이것은 한국의 국물 요리입니다. 조금 매운 편이지만 가족과 함께 해물탕 먹는 것을 좋아합니다. 제 아내가 가장 좋아하는 음식이기도 합니다. 저는 요리를 잘하는 편은 아니지만 해물탕 레시피를 알고 있습니다. 국물을 요리하기 위해서는, 예를 들어 신선한 해산물, 채소, 매운 한국 양념인 고추장, 고춧가루와 같은 재료가 필요합니다. 저는 예전에 해물탕 요리를 시도해본 적이 있었지만 실패했습니다. 그때부터 아내와 함께 '강릉' 식당에 가서 해물탕을 먹습니다. '강릉'은 한국에서 유명한 식당 이름입니다.

단어

- ulubione jedzenie (가장) 좋아하는 음식
- pikantnie 맵게
- najbardziej 가장 (dobrze의 최상급)
- przepis 레시피
- składniki 재료
- świeże 신선한
- owoce morza 해산물
- warzywo 채소
- udać mi się (내가) 성공하다

만들어 보세요! 나에게 맞는 스토리로 만들어 외워 보세요.

Moje ulubione jedzenie to ① (한국 음식) . To jest koreańska ② (요리 종류) .
Smakuje ③ (맛) , ale lubimy jeść ① (한국 음식) z rodziną.
To jest ulubiona potrawa (가족 일원) . Ja nie umiem dobrze gotować,
ale znam przepis na ① (한국 음식) . Żeby gotować ② (요리 종류) ,
potrzebne są takie składniki jak ④ (재료)
. Kiedyś
spróbowałem gotować ① (한국 음식) , ale nie udało mi się. Od tego
momentu wolę jechać do ‚(자주 가는 식당 이름)' i jeść tam ① (한국 음식) z (동행인) .
‚(자주 가는 식당 이름)' to nazwa restauracji popularnej w Korei.

제가 가장 좋아하는 음식은 ① 입니다. 이것은 한국의 ② 입니다. 조금 ③ 편이지만 가
족과 함께 ① 먹는 것을 좋아합니다. 가 가장 좋아하는 음식이기도 합니다. 저는 요리를 잘하
는 편은 아니지만 ① 레시피를 알고 있습니다. ② 을 요리하기 위해서는, 예를 들어 ④
와 같은 재료가 필요합니다. 저는 예전에 ① 요리를 시도
해본 적이 있었지만 실패했습니다. 그때부터 와 함께 ' ' 식당에 가서 ① 을 먹습니다. ' '은
한국에서 유명한 식당 이름입니다.

패턴별 다른 표현들 나에게 맞는 표현을 찾아 위의 문장에 대입시켜 보세요.

①	한국 음식	·삼계탕 samgyetang · 비빔밥 bibimbap · 불고기 bulgogi · 삼겹살 samgyeopsal
②	요리 종류	·전골 요리 gulasz / potrawka · 볶음 요리 smażona potrawa ·(불에 굽는) 구이 pieczone mięso · 수프 zupa
③	맛(부사)	·달게 słodko · 쓰게 gorzko · 맵게 ostro · 짜게 słono
④	재료	·고기 mięso · 양파 cebula · 당근 marchewka · 파 por · 버섯 grzyb · 마늘 czosnek ·채소 warzywa (복수) · 닭 kurczak · 돼지 부위 (삼겹) boczek wieprzowy

* 〈부록〉 기초 단어를 활용해 다양한 표현을 만들어 보세요.

Lubię gotować dla rodziny. Moja córka najbardziej lubi jeść bulgogi. To jest tradycyjne koreańskie jedzenie. Potrzebuję przepisu, żeby gotować smacznie. Najpierw trzeba kupić świeże mięso, warzywa i koreański sos sojowy. Jak przygotuje się składniki, trzeba włożyć wszystkie na raz do garnka i później gotować przez 15 min. Koreańskie jedzenie jest bardzo smaczne, ale trochę ostre. Moim zdaniem w porównaniu do polskich potraw, koreańskie jedzenie jest bardziej ostre, ale mniej słone. Polecam spróbować bulgogi.

저는 가족을 위해 요리하는 것을 좋아합니다. 제 딸은 불고기를 가장 좋아합니다. 이것은 한국의 대표 전통 음식입니다. 맛있게 요리하기 위해서는 레시피가 필요합니다. 먼저 신선한 고기, 채소와 한국 간장을 사야 합니다. 재료가 준비되면, 모든 재료를 냄비에 한 번에 넣은 후, 15분 동안 요리하면 됩니다. 한국 음식은 매우 맛있지만 살짝 맵습니다. 폴란드 음식과 비교할 때, 한국 음식은 매운 편이지만 그리 짜지는 않다고 생각합니다. 불고기를 먹어보길 추천합니다.

단어

- znane 유명한
- żeby + 동사 원형 ~ 하기 위해
- składniki 재료 (복수)
- włożyć 넣다
- na raz 한 번에
- w porównaniu do ~와 비교할 때
- moim zdaniem 내 생각에는
- polecać 추천하다
- prawie 거의

만들어 보세요! 나에게 맞는 스토리로 만들어 외워 보세요.

Lubię gotować dla ① [사람] . ① [사람] najbardziej lubi jeść [좋아하는 한국 전통음식] . To jest tradycyjne koreańskie jedzenie. Potrzebuję przepisu, żeby gotować smacznie. Najpierw trzeba kupić ② [재료] . Jak przygotuje się składniki, trzeba włożyć wszystkie na raz do garnka i później ③ [조리 방법] przez [시간] . Koreańskie jedzenie jest bardzo smaczne, ale trochę ④ [맛] . Moim zdaniem w porównaniu do polskich potraw, koreańskie jedzenie jest bardziej ④ [맛] , ale mniej ④ [맛] . Polecam spróbować [추천하는 한국 음식] .

저는 ① 을 위해 요리하는 것을 좋아합니다. ① 은 를 가장 좋아합니다. 이것은 한국의 대표 전통음식입니다. 맛있게 요리하기 위해서는 레시피가 필요합니다. 먼저 ② 을 사야 합니다. 재료가 준비되면, 모든 재료를 냄비에 한 번에 넣은 후, 동안 ③ 면 됩니다. 한국 음식은 매우 맛있지만 살짝 ④ 습니다. 폴란드 음식과 비교할 때, 한국 음식은 ④ 편이지만 그리 ④ 않다고 생각합니다. 를 먹어보길 추천합니다.

패턴별 다른 표현들 | 나에게 맞는 표현을 찾아 위의 문장에 대입시켜 보세요.

①	사람	• 친한 친구 przyjaciel (남) / przyjaciółka (여) • 여자친구 dziewczyna • 남자친구 chłopak • 부모님 rodzice • 딸 córka • 아들 syn
②	재료	• 해산물 owoce morza • 닭고기 kurczak • 감자 ziemniaki (복수) • 고구마 słodkie ziemniaki (복수) • 채소 warzywa (복수) • 마늘 czosnek • 양파 cebula
③	조리 방법	• 볶다, 튀기다 smażyć • 끓이다, 요리하다 gotować • 굽다 piec
④	맛(중성형용사)	• 단 słodkie • 쓴 gorzkie • 매운 ostre • 짠 słone * jedzenie는 중성명사이므로 중성형용사로 표현합니다.

* 〈부록〉 기초 단어를 활용해 다양한 표현을 만들어 보세요.

1. **Od kiedy zaczął pan lubić tę zupę?** 언제부터 국물 요리를 좋아하기 시작했습니까?

① 저는 예전부터 해산물 요리를 좋아했지만, 회사에서 근무하기 시작하면서 국물 요리를 좋아하기 시작했습니다. 처음으로 회사에서 이 음식을 먹었는데 아주 맛있었습니다.

Lubię owoce morza od dawna, ale tę zupę polubiłem od kiedy zacząłem pracować w tej firmie. Po raz pierwszy spróbowałem tej zupy w pracy i bardzo mi smakowała.

② 보통은 국물 요리 먹는 것을 좋아하지 않는데, 이 국물 요리는 오래전부터 제 입맛에 맞습니다.

Zwykle nie lubię jeść zup, ale ta zupa smakuje mi od dawna.

2. **Umie pan gotować?** 당신은 요리할 줄 아나요?

① 네, 요리할 줄 알지만, 제 아내가 저보다 요리를 더 잘 해서 보통은 아내가 저녁 식사를 준비합니다.

Tak, umiem gotować, ale moja żona gotuje lepiej niż ja i to ona zwykle przygotowuje kolację.

② 저는 요리를 잘하는 편은 아니지만, 주말에는 아내를 도와주려고 노력합니다.

Nie umiem dobrze gotować, ale w weekend staram się pomagać żonie.

3. **Często je pan pikantne potrawy?** 당신은 매운 음식을 자주 먹나요?

① 매운 음식을 좋아합니다. 스트레스를 많이 받으면, 매운 음식이 먹고 싶습니다. 매운 음식을 먹으면 스트레스가 해소가 됩니다.

Lubię pikantne jedzenie. Jeżeli jestem bardzo zestresowany, mam ochotę na pikantne jedzenie. Gdy jem pikantne jedzenie mogę się odstresować.

② 저는 매운 음식을 좋아하지 않습니다. 매운 음식을 먹으면 배가 아픕니다.

Nie lubię pikantnego jedzenia. Boli mnie brzuch gdy jem pikantne jedzenie.

1. Kiedy pan gotuje, kto zmywa naczynia i pomaga panu?

당신이 요리할 때, 누가 설거지를 하고 당신을 도와주나요?

① 제가 부엌에서 요리를 할 때, 먹은 후에는 제 아내가 설거지를 합니다. 가끔 우리는 함께 요리하고 설거지를 합니다.

Kiedy gotuję w kuchni, po jedzeniu moja żona zmywa naczynia. Czasami gotujemy i zmywamy naczynia razem.

② 제가 요리를 할 때, 제 딸이 자주 도와줍니다. 먹은 후에는 함께 설거지를 합니다.

Moja córka często pomaga mi gdy gotuję. Po jedzeniu, zmywamy naczynia razem.

2. Jakie koreańskie jedzenie jest najbardziej znane dla obcokrajowców?

외국인에게 가장 잘 알려진 한국 음식은 무엇입니까?

① 불고기가 가장 유명합니다. 맵지 않고 맛이 있어 관광객들은 불고기를 거림낌 없이 먹습니다. 또한 달콤해서, 아이들 역시 불고기 먹는 것을 좋아합니다.

Najbardziej znane jest bulgogi. Turyści chętnie jedzą bulgogi, bo jest smaczne i nie jest pikantne. Ponadto jest słodkie, dlatego dzieci też lubią jeść bulgogi.

② 김치는 가장 잘 알려진 한국 음식입니다. 한국 사람들은 김치를 매일 먹습니다. 김치는 건강에 매우 좋은 음식입니다.

Kimchi to najbardziej znane koreańskie jedzenie. Koreańczycy jedzą kimchi codziennie. Kimchi jest bardzo dobre dla zdrowia.

3. Czy w Korei jest polska restauracja? 한국에는 폴란드 음식점이 있습니까?

① 한국에는 외국인에게 유명한 거리인 이태원이 있습니다. 거기에 어떤 폴란드 식당이 있다고 들었지만, 아직 가보지는 못했습니다. 거기에서 폴란드 소시지를 맛보고 폴란드 맥주를 마실 수 있습니다.

W Korei jest popularna ulica dla obcokrajowców, nazywa się Itaewon. Słyszałem, że tam jest jakaś polska restauracja, ale jeszcze nie byłem tam. Tam można zjeść polskie kiełbasy i wypić polskie piwo.

② 폴란드 식당이 딱 한 군데 있습니다. 거기에서는 폴란드 전통음식을 맛볼 수 있습니다.

Jest tylko jedna polska restauracja. Można tam spróbować tradycyjnego polskiego jedzenia.

Role Play

OPI 시험을 마치기 전 마지막 코스로 '롤플레이'를 진행하게 됩니다. 하나의 상황을 시험관이 제시하고 해당 역할을 주면, 그 역할의 인물이 되어 시험관과 함께 '역할극'을 하게 됩니다. 주어진 상황에 맞게 역할극을 연습해 보세요.

 09-7

상황

당신은 1시에 식당을 예약했습니다. 당신은 음식과 마실 것을 주문하고 언제 음식이 나오는지 묻습니다. 음식을 먹은 후 영수증을 요청합니다.

🎙 **Zrobił pan rezerwację w restauracji na pierwszą. Proszę zamówić jedzenie, picie i zapytać kiedy jedzenie będzie gotowe. Po jedzeniu prosi pan o rachunek.**

🎙 시험관 Dzień dobry, zapraszam. Czy ma pan rezerwację?

안녕하세요, 환영합니다. 예약하셨나요?

Ja Dzień dobry. Tak, zarezerwowałem stolik na pierwszą.

안녕하세요. 네, 1시로 예약했습니다.

🎙 시험관 Już sprawdzam. Jak pana nazwisko?

확인해 보겠습니다. 당신의 성은 무엇입니까?

Ja Moje nazwisko to Kim. 제 성은 김입니다.

🎙 시험관 Jest! Zapraszam. 있네요! 여기로 모시겠습니다.

Ja Poproszę menu. 메뉴판 주세요.

🎙 시험관 Czy mogę przyjąć zamówienie? 주문 도와드릴까요?

Ja Tak, dla mnie poproszę golonkę z ryżem. 네, 저는 밥을 곁들인 골론카를 주세요.

🎙 시험관 Coś do picia? 음료는 무엇으로 드릴까요?

Ja Poproszę o piwo. To wszystko. Kiedy jedzenie będzie gotowe?

맥주 한잔 주세요. 이상입니다. 언제 요리가 나오나요?

✏️ 시험관 Proszę czekać dwadzieścia minut.

20분 기다려 주세요.

(po obiedzie) 식사 후

Ja Poproszę o rachunek. 영수증 주세요.

✏️ 시험관 Smakowało panu? 맛있게 드셨나요?

Ja Tak, było bardzo smaczne. Czy mogę zapłacić kartą?

네, 아주 맛있었습니다. 카드로 결제해도 되나요?

✏️ 시험관 Tak, proszę. Dziękuję, do widzenia.

네, 주세요. 감사합니다. 안녕히 가세요.

Ja Dziękuję, do widzenia.

감사합니다. 안녕히 계세요.

식당과 관련된 롤플레이의 경우, 테이크아웃점이나 음료점 등에도 내용을 조금 변경해서 적용이 가능하며, 음식과 어울리는 표현을 정확히 숙지하는 것이 중요합니다.

단어

- kelner-kelnerka 점원 (남-여)
- zamówić 주문하다
- przyjąć zamówienie 주문을 받다
- rachunek 영수증
- paragon 계산서
- smacznego 맛있게 드세요
- smakować + **여격인칭** ~ 입맛에 맞다

상상해 보세요! 나에게 맞는 상상속의 스토리를 만들어 보세요.

🎙️시험관 Dzień dobry, zapraszam. Czy ma pan rezerwację?

안녕하세요. 환영합니다. 예약하셨나요?

Ja Dzień dobry. Tak, zarezerwowałem stolik na ⬚(예약 시간)⬚ .

안녕하세요. 네, ⬚(예약 시간)⬚ 로 예약했습니다.

🎙️시험관 Już sprawdzam. Jak pana nazwisko?

확인해 보겠습니다. 당신의 성은 무엇입니까?

Ja Moje nazwisko to ⬚(이름 성)⬚ . 제 성은 ⬚(이름 성)⬚ 입니다.

🎙️시험관 Jest! Zapraszam. 있네요! 여기로 모시겠습니다.

Ja Poproszę menu. 메뉴판 주세요.

🎙️시험관 Czy mogę przyjąć zamówienie? 주문 도와드릴까요?

Ja Tak, dla mnie poproszę ⬚(음식)⬚ .

네, 저는 ⬚(음식)⬚ 를 주세요.

🎙️시험관 Coś do picia? 음료는 무엇으로 드릴까요?

Ja Poproszę o ⬚(음료)⬚ . to wszystko. Kiedy jedzenie będzie gotowe?

⬚(음료)⬚ 한잔 주세요. 이상입니다. 언제 요리가 나오나요?

🎙️ 시험관 Proszę czekać ⬛⬛⬛ (대기 시간) ⬛⬛⬛ minut.
⬛⬛ (대기 시간) ⬛⬛ 분 기다려 주세요.

(po obiedzie) 식사 후

🅙 Poproszę o rachunek. 영수증 주세요.

🎙️ 시험관 Smakowało panu? 맛있게 드셨나요?

🅙 Tak, było bardzo smaczne. Czy mogę zapłacić kartą?

네, 아주 맛있었습니다. 카드로 결제해도 되나요?

🎙️ 시험관 Tak, proszę. Dziękuję, do widzenia.

네, 주세요. 감사합니다, 안녕히 가세요.

🅙 Dziękuję, do widzenia.

감사합니다. 안녕히 계세요.

Lekcja

10

Zazwyczaj jakie produkty kupuje pan?

당신은 어떤 제품을 주로 구매합니까?

쇼핑과 관련된 문제의 경우, 육하원칙(누가, 언제, 어디서, 무엇을, 어떻게, 왜)에 따라 대답을 정리하는 것이 중요하며, '얼마나 자주'와 같은 빈도부사를 이용하여 대화를 자연스럽게 이끌어 내야 합니다. 또한 최근에 구입한 물건에 대해서도 묘사할 수 있어야 합니다.

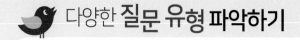 다양한 **질문 유형 파악하기**

- **Kiedy zwykle robi pan zakupy?** 당신은 보통 언제 쇼핑을 합니까?

- **Często robi pan zakupy w sklepie?** 당신은 자주 가게에서 장을 보나요?

- **Zazwyczaj gdzie idzie pan na zakupy?** 당신은 보통 어디로 장을 보러 갑니까?

시험관의 질문에는 단답형 보다 아래의 답변 뒤에 준비한 스크립트를 자연스럽게 이어서 답변하는 것이 좋습니다.
추가 질문이 답변한 스크립트 안에서 나올 수 있도록 질문을 유도하는 것이 중요합니다.

① Zazwyczaj z kim robi pan zakupy? 당신은 보통 누구와 함께 쇼핑을 합니까?

➜ **Zazwyczaj robię zakupy z żoną w supermarkecie, często kupujemy świeże owoce.**
보통은 마트에서 아내와 함께 쇼핑을 하고, 그곳에서 신선한 과일을 자주 구매합니다.

② Ile razy w tygodniu robi pan zakupy? 일주일에 몇 번 쇼핑을 합니까?

➜ **Raz w tygodniu robię zakupy w galerii handlowej.**
1주일에 1번은 백화점에서 쇼핑을 합니다.

③ Gdzie lubi pan robić zakupy? 어디에서 쇼핑하는 것을 좋아합니까?

➜ **Wolę robić zakupy w supermarkecie niż w małym sklepie, bo zwykle kupuję dużo różnych rzeczy.**
저는 주로 다양한 물건을 많이 구입하기 때문에 소형 가게보다 마트에서 쇼핑하는 것을 더 선호하는 편입니다.

Niedaleko mojego domu jest centrum handlowe. Raz na tydzień chodzę tam na zakupy. Lubię robić zakupy gdy mam dużo czasu. Często kupuję sobie drogie zegarki i marynarki. Ostatnio kupiłem piękny zegarek dla żony. W centrum handlowym można spędzać dużo czasu i robić różne rzeczy. Oprócz sklepu z ubraniami, tam jest apteka, księgarnia i dużo restauracji oraz kawiarni. Mogę tam miło spędzać czas, dlatego wolę robić zakupy w centrum handlowym. Dzisiaj po południu jedliśmy w restauracji spaghetti i piliśmy dobre wino. Potem spacerowaliśmy po sklepach w centrum handlowym.

집에서 멀지 않은 곳에 백화점이 있습니다. 일주일에 한 번은 장을 보러 그곳에 갑니다. 저는 시간이 많을 때 쇼핑하는 것을 좋아합니다. 저는 값비싼 시계와 정장을 자주 삽니다. 최근에 아내를 위해 예쁜 시계를 샀습니다. 백화점에는 다양하게 할 거리들이 많아 많은 시간을 보낼 수 있습니다. 옷 가게 외에도 약국, 서점, 식당과 커피숍이 많이 있습니다. 그곳에서 좋은 시간을 보낼 수 있기 때문에 백화점에서 쇼핑하는 것을 선호합니다. 오늘 오후에 우리는 식당에서 스파게티를 먹고 좋은 와인을 마셨습니다. 후에 백화점에서 아이쇼핑을 했습니다.

* 백화점 : centrum handlowe = galeria handlowa

공식 표현 : centrum handlowe 　　　 구어체 : galeria handlowa

* spacerować po sklepach : 아이쇼핑을 하다
아이쇼핑은 구어체로 window shopping이라고 표현합니다. 그러나 문장으로 쓸 경우에는 spacerować po sklepach라고 씁니다.

단어

- kupić sobie (자신을 위해) ~를 사다
- marynarka 정장
- spędzać czas [불완료] 시간을 보내다
- oprócz 제외하고 (+ 소유격)
- sklep z ubraniami 옷 가게
- księgarnia 서점

만들어 보세요! 나에게 맞는 스토리로 만들어 외워 보세요.

Niedaleko mojego domu jest ① [장소] . ② [방문 횟수] tam na zakupy. Lubię robić zakupy gdy mam dużo czasu. Często kupuję sobie drogie ③ [쇼핑 품목] i ③ [쇼핑 품목] . Ostatnio kupiłem ③ [쇼핑 품목] dla [사람] . ① [장소] można spędzać dużo czasu i robić różne rzeczy. Oprócz ① [장소] , tam jest apteka, księgarnia i dużo restauracji oraz kawiarni. Mogę tam miło spędzać czas, dlatego wolę robić zakupy ① [장소] . Dzisiaj po południu jedliśmy w restauracji spaghetti i piliśmy dobre wino. Potem spacerowaliśmy po sklepach ① [장소] .

집에서 멀지 않은 곳에 ① 이 있습니다. ② 은 장을 보러 그곳에 갑니다. 저는 시간이 많을 때 쇼핑하는 것을 좋아합니다. 저는 값비싼 ③ 와 ③ 을 자주 삽니다. 최근에 를 위해 ③ 를 샀습니다. ① 에는 다양하게 할 거리들이 많아 많은 시간을 보낼 수 있습니다. ① 외에도 약국, 서점, 식당과 커피숍이 많이 있습니다. 그곳에서 좋은 시간을 보낼 수 있기 때문에 ① 쇼핑하는 것을 선호합니다. 오늘 오후에 우리는 식당에서 스파게티를 먹고 좋은 와인을 마셨습니다. 후에 ① 아이쇼핑을 했습니다.

패턴별 다른 표현들 | 나에게 맞는 표현을 찾아 위의 문장에 대입시켜 보세요.

①	장소	· 가게 sklep · 지하상가몰 pasaż handlowy · 대형 마트 hipermarket · 일반 마트 supermarket · 아웃렛 outlet
②	방문 횟수	· 일주일에 1번/2번/3번 raz / dwa / trzy razy w tygodniu · 한 달에 1번/2번/3번 raz / dwa / trzy razy w miesiącu
③	쇼핑 품목	[복수형] · 옷 ubrania · 신발 buty · 안경 okulary · 가방 torby · 백팩 plecaki · 화장품 kosmetyki · 청바지 jeansy · 장난감 zabawki · 가전제품 urządzenia domowe (복수)

* 〈부록〉 기초 단어를 활용해 다양한 표현을 만들어 보세요.

Mam uroczą córkę. Ostatnio ona miała urodziny, dlatego poszedłem do księgarni, która jest obok mojego domu. Kupiłem ładne bajki dla córki. Czytałem jej bajki i była bardzo szczęśliwa. W przyszłym tygodniu kupię dla niej nowe bajki i będę jej czytał codziennie wieczorem. Lubię robić zakupy i gotować jedzenie, dlatego często robię zakupy. Jakość produktów musi być dobra, zawsze sprawdzam czy produkt jest dobry. Żeby poznać jakość produktów, trzeba przede wszystkim sprawdzić ich skład. Moja żona nie lubi robić zakupów, dlatego kupuję też dla niej produkty pierwszej potrzeby, takie jak szampon czy pasta do zębów.

저는 귀여운 딸이 있습니다. 최근 제 딸의 생일이라서, 집 옆에 있는, 서점에 갔습니다. 딸을 위해 동화책을 샀습니다. 딸에게 동화책을 읽어 줬는데 너무 행복해했습니다. 다음 주에는 새로운 동화책을 사주고, 매일 저녁에 읽어 줄 것입니다. 저는 장 보고 요리하는 것을 좋아해서, 자주 장을 보는 편입니다. 재료의 질은 좋아야 하므로, 항상 재료가 좋은지 확인합니다. 재료의 질을 확인하기 위해서는 무엇보다 재료의 성분을 확인해야 합니다. 제 아내는 쇼핑하는 것을 좋아하지 않아서 제가 대신해서 샴푸, 치약 같은 생필품을 구매합니다.

단어

□ mieć urodziny 생일이다
□ bajka 동화책
□ w przyszłym tygodniu 다음 주에

□ jakość 품질
□ pilnować 주시하다
□ skład 성분

□ produkty pierwszej potrzeby 생필품
□ szampon 샴푸
□ szczoteczka / pasta do zębów 칫솔 / 치약

만들어 보세요! 나에게 맞는 스토리로 만들어 외워 보세요.

Mam uroczą ① (사람) . Ostatnio ① (사람) miała urodziny, dlatego poszedłem do ② (장소) , która jest obok mojego domu. Kupiłem ③ (서적 종류) dla ① (사람) . Czytałem ① (사람) ③(서적 종류) i była bardzo szczęśliwa. (기간/날짜) kupię dla niej nowe ③(서적 종류) i będę jej czytał codziennie wieczorem. Lubię robić zakupy i gotować jedzenie, dlatego często robię zakupy. Jakość produktów musi być dobra, zawsze sprawdzam czy produkt jest dobry. Żeby poznać jakość produktów, trzeba przede wszystkim sprawdzić ich skład. ① (사람) nie lubi robić zakupów, dlatego kupuję też dla niej produkty pierwszej potrzeby, takie jak ④ (생필품) .

저는 귀여운 ① 이 있습니다. 최근 ① 의 생일이라서 집 옆에 있는 ② 에 갔습니다. ① 을 위해 ③ 을 샀습니다. ① 에게 ③ 을 읽어 줬는데 너무 행복해했습니다. 에는 새로운 ③ 을 사주고, 매일 저녁에 읽어 줄 것입니다. 저는 장 보고 요리하는 것을 좋아해서 자주 장을 보는 편입니다. 재료의 질은 좋아야 하므로, 항상 재료가 좋은지 확인합니다. 재료의 질을 확인하기 위해서는 무엇보다 재료의 성분을 확인해야 합니다. ① 는 쇼핑하는 것을 좋아하지 않아서 제가 대신해서 ④ 같은 생필품을 구매합니다.

패턴별 다른 표현들 | 나에게 맞는 표현을 찾아 위의 문장에 대입시켜 보세요.

①	사람	• 여자친구 dziewczyna • 아내 żona • 여동생 siostra • 친한 친구(여) przyjaciółka
②	장소	• 가게 sklep • 지하상가몰 pasaż handlowy • 대형 마트 hipermarket • 일반 마트 supermarket • 아웃렛 outlet
③	서적 종류	• 소설책 powieść • 잡지 czasopismo • 시집 zbiór wierszy • 만화책 komiks • 신문 gazeta • 역사책 książka historyczna • 동화 전집 zbiór bajek
④	생필품	• 화장지 papier toaletowy • 데오드란트 dezodorant • 수건 ręcznik • 티슈 chusteczki

* 〈부록〉 기초 단어를 활용해 다양한 표현을 만들어 보세요.

1. Co pan robi w centrum handlowym oprócz zakupów?

쇼핑 외에 백화점에서 무엇을 합니까?

① 백화점에서는 모든 것을 할 수 있습니다. 그곳에는 영화관, 키즈카페, 약국과 마트가 있습니다. 쇼핑 후에는 자주 아내와 함께 커피숍 혹은 식당에 갑니다.

W centrum handlowym można robić wszystko. Jest tam nawet kino, plac zabaw dla dzieci, apteka i supermarket. Po zakupach często chodzę z żoną do kawiarni lub restauracji.

② 쇼핑 후에는 영화를 보러 영화관에 가는 것을 좋아합니다. 백화점에는 큰 영화관이 있습니다.

Po zakupach lubię chodzić do kina na film. W centrum handlowym jest duże kino.

2. Co ostatnio pan sobie kupił? 최근에 무엇을 구입했습니까?

① 저는 컴퓨터 게임하는 것을 좋아해서, 회사에서 보너스를 받았을 때, 신형 컴퓨터를 구입했습니다.

Lubię grać w gry komputerowe, dlatego gdy dostałem premię w pracy kupiłem sobie nowy komputer.

② 저는 최근에 신형 핸드폰을 구입했습니다.

Kupiłem sobie nowy telefon komórkowy.

3. Jak długo pan może robić zakupy? 얼마나 오랫동안 쇼핑을 합니까?

① 저는 쇼핑을 아주 좋아해서, 밤새도록 쇼핑을 할 수 있을 정도인 반면에, 제 아내는 피곤해 합니다. 그래서 아내는 저를 기다리며 커피숍에서 쉬곤 합니다.

Bardzo lubię robić zakupy, mogę nawet robić zakupy całą noc, ale moja żona jest zmęczona. Dlatego ona woli odpoczywać w kawiarni czekając na mnie.

② 보통 2시간 정도 쇼핑을 합니다.

Zazwyczaj robię zakupy 2 godziny.

1. Co lubi kupować pana żona? 당신의 아내는 무엇을 사는 것을 좋아합니까?

① 제 아내는 화장품 사는 것을 좋아합니다. 한국 화장품은 저렴하지만 품질이 매우 좋기로 유명합니다. 예를 들어 한국 마스크 팩은 세계 최고입니다. 많은 관광객들이 한국 여행 중 마스크 팩을 구입합니다.

Moja żona lubi kupować kosmetyki. Koreańskie kosmetyki są znane i tanie, ale jakość jest bardzo dobra. Na przykład koreańskie maseczki są najlepsze na świecie. Dużo turystów kupuje maseczki podczas wycieczki do Korei.

② 제 아내는 새로운 기기를 구입하는 것을 좋아합니다. 최근에는 최신형의 커피 메이커를 구입했습니다.

Moja żona lubi kupować nowe urządzenia. Ostatnio kupiła nowoczesny ekspres do kawy.

2. Jak często chodzi pan do księgarni? 얼마나 자주 서점에 갑니까?

① 저는 여유 시간이 있을 때, 책 읽는 것을 좋아합니다. 한달에 한번 혹은 두 번, 서점에 가서 책을 삽니다.

Lubię czytać książki gdy mam wolny czas. Kupuję książki w księgarni, chodzę tam raz lub dwa razy na miesiąc.

② 백화점에 쇼핑하러 갈 때마다 항상 서점에 들릅니다.

Kiedy robię zakupy w centrum handlowym, zawsze chodzę do księgarni.

3. Jak często robi pan zakupy w supermarkecie?

당신은 마트에서 얼마나 자주 장을 보나요?

① 한 달에 2번은 가족과 함께 장을 봅니다. 그 외에도, 제 아내는 집 근처에 있는 작은 마트에서 필요할 때마다 장을 보러 갑니다.

2 razy na miesiąc robię zakupy z rodziną. Oprócz tego, moja żona chodzi do małego supermarketu obok mojego domu na zakupy gdy czegoś potrzebuje.

② 일주일에 한 번은 가족과 함께 마트에 갑니다.

Raz w tygodniu chodzę do supermarketu z rodziną.

Role Play

OPI 시험을 마치기 전 마지막 코스로 '롤플레이'를 진행하게 됩니다. 하나의 상황을 시험관이 제시하고 해당 역할을 주면, 그 역할의 인물이 되어 시험관과 함께 '역할극'을 하게 됩니다. 주어진 상황에 맞게 역할극을 연습해 보세요.

 10-7

상황

당신은 가게에서 생선을 사고 싶어 합니다. 쇼핑 후 카드로 결제가 가능한 지 묻습니다. 불행히도 기계가 고장 나서 현금으로만 결제가 가능합니다. 당신은 가장 가까운 현금인출기가 어디에 있는지 물어봅니다.

🎙 **Chce pan kupić rybę w sklepie. Po zakupach pyta się pan, czy można płacić kartą. Niestety maszyna jest zepsuta i można płacić tylko gotówką. Pyta pan, gdzie jest najbliższy bankomat.**

🅙ₐ **Dzień dobry, chciałbym kupić świeżą rybę. Gdzie jest stoisko z rybami?**

안녕하세요, 신선한 생선을 구매하고 싶습니다. 생선코너는 어디에 있나요?

🎙 시험관 **Proszę iść prosto i po prawej stronie będzie stoisko numer 2. Tam można kupować owoce morza i ryby.**

직진으로 가시면 오른 편에 2번 코너가 있습니다. 그곳에서 해산물과 생선을 구매할 수 있습니다.

(Później, przy kasie) 시간 경과 후, 계산대

🎙 시험관 To wszystko?

전부입니까?

🅙ₐ **Tak, dziękuję. Poproszę jeszcze reklamówkę.**

네, 감사합니다. 봉투 좀 주세요.

🎙 시험관 Reklamówka jest płatna, kosztuje 30 groszy. Podać?

봉투는 30 그로스로 유료입니다. 드릴까요?

🅙ₐ **Tak, poproszę. Dziękuję.**

네, 주세요. 감사합니다.

Ja Czy mógłbym zapłacić kartą?

카드 결제되나요?

🖊 시험관 Niestety nie można teraz płacić kartą. Dzisiaj maszyna jest zepsuta.

아쉽게도 지금은 카드 결제가 안됩니다. 오늘 기계가 고장 났습니다.

Ja Przykro mi… nie mam teraz gotówki przy sobie. Gdzie mógłbym wypłacić pieniądze?

안타깝네요… 지금 현금 가진 게 없습니다. 어디에서 돈을 인출할 수 있나요?

🖊 시험관 Już panu mówię. Proszę przejść przez przejście dla pieszych i tam po drugiej stronie jest bankomat.

말씀드릴게요. 횡단보도를 건너 가시면 저쪽 맞은편에 현금 인출기가 있습니다.

Ja Dziękuję. Zaraz wracam. Proszę przechować moje rzeczy.

감사합니다. 곧 돌아오겠습니다. 제 물건 보관 부탁드립니다.

🖊 시험관 Rozumiem. Czekam na pana.

알겠습니다. (당신을) 기다릴게요.

단어

- niestety 안타깝게도
- zepsuty 고장 난, 상한
- gotówka 현금
- bankomat 현금 인출기
- reklamówka 봉투
- wpłacić ↔ wypłacić 입금하다 ↔ 인출하다
- przejście dla pieszych 횡단보도
- po drugiej stronie 반대편에

Ja Dzień dobry, chciałbym kupić ⬜(상품). Gdzie jest ⬜(찾는 코너)?

안녕하세요, ⬜(상품) 을 구매하고 싶습니다. ⬜(찾는 코너) 는 어디에 있나요?

🖊️시험관 Proszę iść ⬜(방향) i po ⬜(방향 : 왼/오른쪽) będzie stoisko ⬜(몇 번).
Tam można kupować ⬜(상품) i ⬜(상품).

⬜(방향) 가시면 ⬜(방향 : 왼/오른쪽) 에 ⬜(몇 번) 코너가 있습니다.
그곳에서 ⬜(상품) 과 ⬜(상품) 을 구매할 수 있습니다.

(Później, przy kasie) 시간 경과 후, 계산대

🖊️시험관 To wszystko?

전부입니까?

Ja Tak, dziękuję. Poproszę jeszcze reklamówkę.

네, 감사합니다. 봉투 좀 주세요.

🖊️시험관 Reklamówka jest płatna, kosztuje 30 groszy. Podać?

봉투는 30 그로스로 유료입니다. 드릴까요?

Ja Tak, poproszę. Dziękuję.

네, 주세요. 감사합니다.

Ja Czy mógłbym zapłacić kartą?

카드 결제되나요?

🖊️시험관 Niestety nie można teraz płacić kartą. Dzisiaj maszyna jest zepsuta.

아쉽게도 지금은 카드 결제가 안됩니다. 오늘 기계가 고장 났습니다.

Ja Przykro mi… nie mam teraz gotówki przy sobie. Gdzie mógłbym wypłacić pieniądze?

안타깝네요… 지금 현금 가진 게 없습니다. 어디에서 돈을 인출할 수 있나요?

🖊시험관 Już panu mówię. Proszę przejść przez przejście dla pieszych i tam
(위치) jest bankomat.

말씀드릴게요. 횡단보도를 건너 가시면 (위치) 현금 인출기가 있습니다.

Ja Dziękuję. Zaraz wracam. Proszę przechować moje rzeczy.

감사합니다. 곧 돌아오겠습니다. 제 물건 보관 부탁드립니다.

🖊시험관 Rozumiem. Czekam na pana.

알겠습니다. (당신을) 기다릴게요.

Gdzie pan ostatnio był na wakacjach?

최근 휴가 때 당신이 가본 여행지는 어디입니까?

과거 여행지와 관련된 질문의 경우, 여행지에 대한 먹거리, 볼거리 등을 일반적으로 설명하고 과거형을 적절히 사용하여 여행 후의 느낌을 이야기할 수 있어야 합니다.

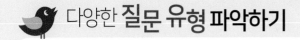

다양한 질문 유형 파악하기

- **Lubi pan podróżować?** 당신은 여행하는 것을 좋아합니까?

- **Gdzie pojechał pan na wakacje?** 당신은 휴가로 어디를 여행했습니까?

- **Podobało się panu na wakacjach?** 휴가가 마음에 들었습니까?

- **Czy podróż była udana?** 여행은 성공적이었습니까?

시험관의 질문에는 단답형 보다 아래의 답변 뒤에 준비한 스크립트를 자연스럽게 이어서 답변하는 것이 좋습니다.
추가 질문이 답변한 스크립트 안에서 나올 수 있도록 질문을 유도하는 것이 중요합니다.

① Gdzie pan podróżował? 당신은 어디를 여행했습니까?

➔ Ostatnio miałem 5 dni urlopu i poleciłem na wyspę Jeju.
최근 5일간의 휴가 동안 제주도를 다녀왔습니다.

② Podobało panu się tam? 그곳이 마음에 들었나요?

➔ Tak, bardzo mi się podobało. Jadłem tradycyjne lokalne jedzenie i
zwiedziłem wiele ciekawych miejsc.
네, 매우 마음에 들었습니다. 전통 현지 음식을 먹었고 흥미로운 장소들을 여러 곳 구경했습니다.

③ Jakie miejsca pan odwiedził? 어떤 장소를 방문했습니까?

➔ Byłem nad morzem, robiłem zakupy na tradycyjnym targu i
zwiedziłem muzeum. 바닷가를 다녀왔는데, 전통시장에서 쇼핑을 하고 박물관을 구경했습니다.

Zanim zacząłem uczyć się języka polskiego, pojechałem do Sokcho z rodziną. Sokcho znajduje się w prowincji Gangwon. Z Seulu do Sokcho jedzie się samochodem 3 godziny, a pociągiem 2 godziny. My wtedy pojechaliśmy tam samochodem. Byliśmy tam przez 3 dni. Jedliśmy smaczne jedzenie i byliśmy nad morzem. Odpoczywaliśmy na plaży, pływaliśmy i robiliśmy piknik. Obok plaży są ładne kawiarnie, tam można wypić różne smaczne herbaty i kawy. Wolę nocować w hotelu niż w pensjonacie, więc zarezerwowałem hotel, w którym można oglądać ładne widoki i morze. Spędziliśmy w Sokcho miły czas i byliśmy bardzo szczęśliwi.

폴란드어 공부를 시작하기 전에 저는 가족과 함께 속초에 다녀왔습니다. 속초는 강원도에 위치해 있습니다. 서울에서 속초까지는 자동차로 3시간이 걸리지만 기차로는 2시간이 걸립니다. 그 당시에는 차로 그곳에 갔었습니다. 우리는 그곳에 3일 동안 머물렀습니다. 맛있는 음식들을 먹고 바닷가에 다녀왔습니다. 해변가에서 쉬기도 하고, 수영도 하고 피크닉을 즐겼습니다. 해변가 바로 옆에는 예쁜 커피숍이 있는 데, 그곳에서 다양하고 맛이 좋은 차와 커피를 마실 수 있습니다. 저는 펜션보다는 호텔에서 숙박하는 것을 더 좋아해서 아름다운 경치와 바다를 볼 수 있는 호텔로 예약을 했습니다. 우리는 속초에서 좋은 시간을 보냈으며 무척 행복했습니다.

단어

□ prowincja 행정구역   □ nocować 숙박하다   □ pensjonat 펜션

만들어 보세요! 나에게 맞는 스토리로 만들어 외워 보세요.

Zanim zacząłem uczyć się języka polskiego, pojechałem do ① (여행지)
z (동행인) . ① (여행지) znajduje się w prowincji ① (여행지) . Z Seulu do
① (여행지) jedzie się samochodem (자동차 : 이동 시간), a pociągiem (기차 : 이동 시간) .
My wtedy pojechaliśmy tam (이동 수단) . Byliśmy tam przez (숙박 기간).
Jedliśmy smaczne jedzenie i byliśmy ② (방문지) . ③ (방문지에서 한 일)
② (방문지) , ③ (방문지에서 한 일) . Obok plaży są ładne
kawiarnie, tam można wypić różne smaczne herbaty i kawy. Wolę
nocować w hotelu niż w pensjonacie, więc zarezerwowałem hotel, w
którym można oglądać ładne widoki i morze. Spędziliśmy ① (여행지)
miły czas i byliśmy bardzo szczęśliwi.

폴란드어 공부를 시작하기 전에 저는   과 함께 ①   에 다녀왔습니다. ①   는 ①   에 위치해 있
습니다. 서울에서 ①   까지는 자동차로   이 걸리지만 기차로는   이 걸립니다. 그 당시에는
그곳에 갔었습니다. 우리는 그곳에   동안 머물렀습니다. 맛있는 음식들을 먹고 ②   다녀왔습니
다. ②   ③   , ③   . 해변가 바로 옆에는 예쁜 커피숍이
있는 데, 그곳에서 다양하고 맛이 좋은 차와 커피를 마실 수 있습니다. 저는 펜션보다는 호텔에서 숙박하는
것을 더 좋아해서 아름다운 경치와 바다를 볼 수 있는 호텔로 예약을 했습니다. 우리는 ①   좋은 시
간을 보냈으며 무척 행복했습니다.

▶ 패턴별 다른 표현들	나에게 맞는 표현을 찾아 위의 문장에 대입시켜 보세요.
① 여행지	• 동해 바다 Morze Wschodnie • 정동진 Jeongdongjin • 남이섬 Wyspa Nami • 강릉 Kangreung • 춘천 Chuncheon
② 방문지	• 물레길 Mullegil • 전통 박물관 tradycyjne muzeum • 국립 공원 narodowy park • 호수 jezioro • 동굴 jaskinia
③ 방문지에서 한 일	• 드라이브를 즐기다 prowadzić samochód • 유적지를 구경하다 zwiedzać zabytki • 전통문화를 체험하다 poznać tradycyjną kulturę • 바다가 보이는 풍경에서 커피를 즐기다 pić kawę i rozkoszować się widokiem na morze • 해변가를 거닐다 spacerować nad morzem

* 〈부록〉 기초 단어를 활용해 다양한 표현을 만들어 보세요.

Zawsze mam dużo pracy, dlatego nie mogę spędzać dużo czasu z rodziną. Ostatnio jednak miałem letni urlop i po raz pierwszy podróżowałem z rodziną po Japonii. Spędziliśmy tam bardzo miły czas. Nocowaliśmy w drogim i wygodnym hotelu. Ponadto przed hotelem jest piękna plaża. Mogliśmy surfować, pływać i relaksować się na plaży. Codziennie opalałem się, czytałem książki i odpoczywałem. Byłem szczęśliwy, bo nie myślałem o pracy i mogłem spędzić czas z rodziną. Ponadto obok hotelu było wszystko, dlatego nie trzeba było nigdzie jechać. Tam jedliśmy tradycyjne japońskie jedzenie i piliśmy sake. Wieczorem grillowaliśmy mięso. Moja żona i córka też były szczęśliwe, że mogliśmy podróżować razem.

저는 매일 일이 많기 때문에, 가족과 함께 하는 시간이 많지 않습니다. 최근 여름휴가 때 처음으로 가족과 함께 일본에 다녀왔습니다. 그곳에서 우리는 아주 좋은 시간을 보냈습니다. 비싸고 편안한 호텔에서 숙박을 했습니다. 또한 호텔 앞에는 아름다운 해변이 있습니다. 서핑을 할 수 있었고 수영도 하고, 쉬기도 할 수 있었습니다. 저는 매일 일광욕을 하고, 책을 읽고 휴식을 취했습니다. 일에 대해서 생각할 필요도 없고, 가족과 시간을 보낼 수 있었기 때문에 너무 좋았습니다. 그리고 호텔 근처에는 모든 것이 갖춰 있어서 어딘가로 이동할 필요가 없어 좋았습니다. 그곳에서 우리는 일본 전통음식을 먹고, 사케를 마셨습니다. 저녁에는 그릴도 하였습니다. 함께 여행할 수 있어서, 제 아내와 딸 역시 매우 행복했습니다.

단어

- letni urlop 여름휴가
- po raz pierwszy 처음으로
- pływać 수영하다
- surfować 서핑하다
- opalać się 일광욕을 하다
- nigdzie 아무 곳도
- grillować 그릴 하다

만들어 보세요! 나에게 맞는 스토리로 만들어 외워 보세요.

Zawsze mam dużo pracy, dlatego nie mogę spędzać dużo czasu
z ‹동행인› . Ostatnio jednak miałem letni urlop i po raz pierwszy
podróżowałem z ‹동행인› po ① ‹여행지› . Spędziliśmy tam bardzo
miły czas. Nocowaliśmy w drogim i wygodnym hotelu. Ponadto
przed hotelem jest ② ‹볼거리› . Mogliśmy ③ ‹액티비티› , ③ ‹액티비티› i
③ ‹액티비티› na plaży. Codziennie ③ ‹액티비티›
. Byłem szczęśliwy, bo nie myślałem o pracy i mogłem
spędzić czas z ‹동행인› . Ponadto obok hotelu było wszystko, dlatego
nie trzeba było nigdzie jechać. Tam ④ ‹먹을거리›
. Wieczorem ④ ‹먹을거리› . ‹동행인›
też były szczęśliwe, że mogliśmy podróżować razem.

저는 매일 일이 많기 때문에, 　과 함께 하는 시간이 많지 않습니다. 최근 여름휴가 때 처음으로 　과
함께 ① 　에 다녀왔습니다. 그곳에서 우리는 아주 좋은 시간을 보냈습니다. 비싸고 편안한 호텔에서 숙박
을 했습니다. 또한 호텔 앞에는 ② 　이 있습니다. ③ 　할 수 있었고 ③ 　도 하고, ③
도 할 수 있었습니다. 저는 매일 ③ 　. 일에 대해서 생각할 필요
도 없고, 　과 시간을 보낼 수 있었기 때문에 너무 좋았습니다. 그리고 호텔 근처에는 모든 것이 갖춰 있
어서 어딘가로 이동할 필요가 없어 좋았습니다. 그곳에서 ④
. 저녁에는 ④ 　. 함께 여행할 수 있어서, 　역시 매우 행복했습니다.

▶ 패턴별 다른 표현들 | 나에게 맞는 표현을 찾아 위의 문장에 대입시켜 보세요.

①	여행지	• 스페인 Hiszpania · 프랑스 Francja · 태국 Tajlandia · 독일 Niemcy
②	볼거리	• 아름다운 정원 piękny ogród · 흥미로운 산책로 ciekawa trasa spacerowa
③	액티비티	• 마사지를 하다 robić masaż · 자전거 여행을 하다 jechać na wycieczkę rowerową • 등산을 하다 wspinać się po górach / chodzić po górach · 카누를 타다 pływać kajakiem • 다이빙을 하다 nurkować · 스노클링을 하다 nurkować z rurką
④	먹을거리	• 현지 음식을 먹다 jeść lokalne jedzenie · 현지 맥주를 마시다 pić lokalne piwo • 전통음식을 먹다 jeść tradycyjne jedzenie · 와인을 마시다 pić wino

＊ 〈부록〉 기초 단어를 활용해 다양한 표현을 만들어 보세요.

1. Kiedy pan pojechał do Sokcho, gdzie pan nocował?
당신은 언제 속초에 갔었고, 어디에서 숙박을 했습니까?

① 저는 펜션보다 편안한 호텔에서 숙박하는 것을 선호합니다. 호텔에서 아름다운 야경을 보는 것을 좋아하기 때문에 해변가의 호텔을 선택하는 편입니다.

Wolę nocować w wygodnym hotelu niż w pensjonacie. Lubię oglądać ładne nocne widoki w hotelu, dlatego zawsze wybieram hotel przy plaży.

② 파티와 그릴을 즐길 수 있기 때문에, 저는 펜션에서 숙박하는 것을 더 선호합니다. 또한 호텔보다 쌉니다.

Wolę nocować w pensjonacie, bo można tam robić imprezę i grillować. Ponadto jest taniej niż w hotelu.

2. Czym pan lubi jeździć do tego miasta?
당신은 그 도시를 여행할 때 무엇을 타고 가는 것을 좋아합니까?

① 저는 기차보다 자동차를 타고 가는 것을 선호합니다. 물론 기차를 타고 다닐 때 적은 시간이 걸리지만, 제 자동차는 편안하고 운전하는 것을 좋아하기 때문에 자동차를 타고 가는 편입니다.

Wolę jechać samochodem niż pociągiem. Oczywiście jest szybciej kiedy jeździmy pociągiem, ale mój samochód **jest wygodny i lubię prowadzić samochód.**

② 장거리 운전을 싫어하는 데, 속초까지는 거리가 멀어서, 기차를 타고 가는 것을 더 선호합니다.

Wolę jechać pociągiem, bo Sokcho jest daleko, a ja nie lubię długo prowadzić samochodu.

3. Był pan kiedyś za granicą? 당신은 해외여행을 한 적이 있습니까?

① 1년 전 7월에 부모님과 함께 스페인에 갔습니다. 좋은 시간을 보냈으며, 맛있는 음식도 먹고, 흥미로운 장소들을 방문하였습니다.

Rok temu w lipcu byłem z rodzicami w Hiszpanii. Spędziliśmy tam miły czas, jedliśmy smaczne jedzenie i zwiedzaliśmy interesujące miejsca.

② 저는 3년 전에 5일간 폴란드에 갔습니다. 그때 폴란드 여기저기를 여행하고, 몇몇 도시를 방문하였습니다.

3 lata temu byłem w Polsce przez 5 dni. Wtedy podróżowałem po Polsce i zwiedziłem kilka miast.

1. Koreańczycy lubią podróżować po Europie?
한국 사람들은 유럽 여행하는 것을 좋아합니까?

① 최근 비행기 표가 저렴해져서 우리는 유럽 여행을 좋아합니다.
Ostatnio bilety na samolot są tańsze, dlatego lubimy podróżować po Europie.

② 한국 사람들은 유럽여행을 좋아하긴 하지만, 유럽은 너무 멀어서 짧은 휴가 기간 동안은 남부 아시아 쪽으로 여행하는 것을 더 선호합니다.
Koreańczycy lubią podróżować po Europie, ale Europa jest daleko, dlatego na krótki urlop wolimy wycieczkę do Azji Południowej.

2. Co pan zabiera ze sobą na podróż? 당신은 여행할 때 무엇을 가져갑니까?

① 저는 사진 찍는 것을 좋아하기 때문에 여행을 다닐 때에는 최신형 카메라를 가져갑니다. 제 아내는 김치 혹은 매운 양념소스를 가져갑니다.
Lubię robić zdjęcia, dlatego zawsze zabieram nowoczesną kamerę. Moja żona pakuje kimchi albo pikantny sos.

② 돈과 핸드폰만 있으면 됩니다. 돈이 있으면, 필요한 모든 것을 구입할 수 있고, 핸드폰으로 어떤 정보든 찾을 수 있기 때문입니다.
Potrzebuję tylko pieniędzy i telefonu. Gdy mamy pieniądze, możemy kupić wszystkie potrzebne rzeczy, a przez telefon możemy znaleźć wszystkie informacje.

3. Które miejsce najbardziej panu się podobało? 가장 마음에 드는 장소가 어디입니까?

① 5년 전에 프라하에 다녀왔습니다. 광장이 매우 마음에 들었으며, 맥주가 맛있었습니다.
5 lat temu byłem w Pradze. Bardzo podobał mi się rynek i smakowało mi piwo.

② 1년 전 스페인에 다녀왔습니다. 그곳에 있는 유명한 유적지를 방문하였으며, 축구 경기를 직접 관람하였습니다.
Rok temu byłem w Hiszpanii. Zwiedziłem znane zabytki i obejrzałem na żywo mecz piłki nożnej.

Role Play

OPI 시험을 마치기 전 마지막 코스로 '롤플레이'를 진행하게 됩니다. 하나의 상황을 시험관이 제시하고 해당 역할을 주면, 그 역할의 인물이 되어 시험관과 함께 '역할극'을 하게 됩니다. 주어진 상황에 맞게 역할극을 연습해 보세요.

🎧 11-7

상황

당신은 환전소에 있고 한화에서 즈워티로 환전을 하고 싶습니다. 안타깝게도 환전소에는 원단위 화폐가 없어서 은행에 가야 합니다. 직원에게 즈워티 당 달러 환율을 물어봅니다. 어디에 은행이 있는지 물어봅니다.

🎙 **Jest pan w kantorze i chce pan wymienić koreański won na złoty. Niestety w kantorze nie ma koreańskiej waluty i musi pan iść do banku. Chce się pan dowiedzieć jaki jest kurs wymiany dolara na złoty. Pyta pan gdzie jest bank.**

🎙 시험관 Dzień dobry. W czym mogłabym panu pomóc?

안녕하세요. 무엇을 도와드릴까요?

Ja Dzień dobry. Chciałbym wymienić won na złoty.

안녕하세요. 원에서 즈워티로 환전하고 싶습니다.

🎙 시험관 Niestety, u nas nie ma możliwości wymienić won. Czy ma pan dolary albo euro?

안타깝게도, 저희 환전소에는 원으로 환전이 불가합니다. 혹시 달러나 유로 있습니까?

Ja Jestem w Polsce po raz pierwszy. Nie mam dolarów ani euro, co mogę zrobić?

저는 폴란드 첫 방문입니다. 달러도 유로도 없는데, 어떻게 해야 할까요?

🎙 시험관 Może pan wypłacić pieniądze z banku. Niedaleko stąd jest Citibank.

은행에서 돈을 인출할 수 있습니다. 근처에 씨티은행이 있습니다.

Ja Dziękuję za informację. Jaki jest kurs wymiany dolara na złoty?

안내해주셔서 감사합니다. 즈워티 당 달러 환율은 어떻게 되나요?

🖊 시험관 Jeden dolar to będzie 4 złote.

1달러 당 4 즈워티입니다.

Ja Czy w banku bez problemu można wypłacić pieniądze z koreańskiego konta?

한국 계좌에서 인출하는 것은 문제없는 건가요?

🖊 시험관 Myślę, że bez problemu można wypłacić pieniądze i jest nawet tłumaczenie w języku koreańskim.

제 생각에는 문제없이 인출이 가능할 것 같고 한국어로 번역도 되어 있습니다.

Ja Co za ulga. Gdzie jest Citibank?

다행이네요. 씨티은행이 어디에 있나요?

🖊 시험관 Bank jest niedaleko stąd. Proszę iść prosto i skręcić w prawo. Citibank jest obok szkoły.

은행은 여기에서 멀지 않습니다. 직진해서 오른쪽으로 꺾으세요. 씨티은행은 학교 옆에 있습니다.

Ja Dziękuję. Pani jest bardzo miła.

감사합니다. 너무 친절하시네요.

단어

□ kantor 환전소
□ niestety 안타깝게도
□ wymienić A na B A를 B로 환전하다

□ kurs wymiany 환율
□ wypłacić z ↔ wpłacić do
   인출하다 ↔ 입금하다

□ tłumaczenie 번역
□ co za ulga 다행이다

상상해 보세요! 나에게 맞는 상상속의 스토리를 만들어 보세요.

🎤 시험관 Dzień dobry. W czym mogłabym panu pomóc?

안녕하세요. 무엇을 도와드릴까요?

(Ja) Dzień dobry. Chciałbym wymienić won na   (환전할 통화) .

안녕하세요. 원에서   (환전할 통화) 로 환전하고 싶습니다.

🎤 시험관 Niestety, u nas nie ma możliwości wymienić won. Czy ma pan dolary albo euro?

안타깝게도, 저희 환전소에는 원으로 환전이 불가합니다. 혹시 달러나 유로 있습니까?

(Ja) Jestem w Polsce po raz pierwszy. Nie mam dolarów ani euro, co mogę zrobić?

저는 폴란드 첫 방문입니다. 달러도 유로도 없는데, 어떻게 해야 할까요?

🎤 시험관 Może pan wypłacić pieniądze z banku. Niedaleko stąd jest   (은행) .

은행에서 돈을 인출할 수 있습니다. 근처에   (은행) 이 있습니다.

(Ja) Dziękuję za informację. Jaki jest kurs wymiany dolara na złoty?

안내해주셔서 감사합니다. 즈워티 당 달러 환율은 어떻게 되나요?

🎤 시험관 Jeden dolar to będzie   (금액) .

1달러 당   (금액) 입니다.

(Ja) Czy w banku bez problemu można wypłacić pieniądze z koreańskiego konta?

한국 계좌에서 인출하는 것은 문제없는 건가요?

🎤 시험관   Myślę, że bez problemu można wypłacić pieniądze i jest nawet
tłumaczenie (언어) .

제 생각에는 문제없이 인출이 가능할 것 같고 (언어) 로 번역도 되어 있습니다.

Ja Co za ulga. Gdzie jest (은행명) ?

다행이네요. (은행명) 이 어디에 있나요?

🎤 시험관   Bank jest niedaleko stąd. Proszę iść (방향) i skręcić (방향) .
(은행명) jest obok (건물) .

은행은 여기에서 멀지 않습니다. (방향) 해서 (방향) 으로 꺾으세요.
(은행명) 은 (건물) 옆에 있습니다.

Ja Dziękuję. Pani jest bardzo miła.

감사합니다. 너무 친절하시네요.

Jaka jest różnica pomiędzy Koreą a Polską?

한국과 폴란드의 차이점은 무엇입니까?

한국과 폴란드의 차이점이란 동일한 질문이 아니더라도, 다양한 상황에서 한국과 폴란드에 관련된 문제가 나올 수 있습니다. 한국인과 폴란드인의 성향 및 문화 차이 등의 표현을 이용해서 답변할 수 있도록 미리 준비해 보세요.

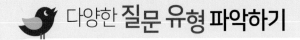

"한국과 폴란드의 차이"의 **다양한 질문 유형**입니다.   🎧 **12-1**

- **Jak zachowują się Koreańczycy?** 대체로 한국 사람들은 어떻습니까?

- **Co się robi w Nowy Rok w Korei?** 한국은 새해에 무엇을 합니까?

- **Jacy są Polacy?** 폴란드 사람들은 어떤 성향이 있습니까?

- **Jaki jest Nowy Rok w Polsce?** 폴란드의 새해 모습은 어떻습니까?

"한국과 폴란드의 차이"에 관한 **다른 표현의 질문들**입니다.   🎧 **12-2**

시험관의 질문에는 단답형 보다 아래의 답변 뒤에 준비한 스크립트를 자연스럽게 이어서 답변하는 것이 좋습니다.
추가 질문이 답변한 스크립트 안에서 나올 수 있도록 질문을 유도하는 것이 중요합니다.

① Jak zachowują się Koreańczycy? 대체적으로 한국 사람은 어떻습니까?

➔ **Koreańczycy są bardzo pracowici i lubią robić wszystko ,szybko szybko', natomiast Polacy są bardzo cierpliwi i lubią pracować powoli.** 한국 사람들은 아주 성실하며, 모든 일을 '빨리빨리'하는 것을 좋아하는 반면, 폴란드 사람들은 참을성
이 많으며, 여유롭게 하는 것을 좋아합니다.

② Co się robi w Nowy Rok w Korei? 한국에서 새해에는 무엇을 합니까?

➔ **U nas w Nowy Rok cała rodzina je na śniadanie zupę zrobioną z ryżu. Natomiast Polacy jedzą tradycyjne potrawy na obiad.**
새해에는 모든 가족이 모여 아침 식사로 쌀로 만든 국을 먹습니다. 반면 폴란드 사람들은 점심 식사로 전통음식을 먹
습니다.

③ Co pan myśli o Polakach? Jacy są Polacy?
당신은 폴란드 사람들에 대해 어떤 생각이 드나요? 폴란드 사람들은 어떻습니까?

➔ **Słyszałem od kolegi, że Polacy bardzo lubią pić alkohol. Koreańczycy też często po pracy piją alkohol ze znajomymi.**
폴란드 사람들은 술을 좋아한다고 친구에게 들었습니다. 한국 사람들도 지인들과 함께 퇴근 후 술을 자주 마시는 편
입니다.

Po pierwsze, Koreańczycy są bardzo pracowici, zawsze wykonujemy zadania ‚szybko szybko’. Nie tylko w pracy, zawsze staramy się wszystko robić szybko. Natomiast jesteśmy bardzo niecierpliwi, nie lubimy czekać na cokolwiek. Po drugie, w Korei Nowy Rok jest w lutym, a nie w styczniu. ‚Seollal’ to najważniejsze święto w Korei. U nas w Nowy Rok cała rodzina razem je zupę zrobioną z ryżu (Tteokguk) na śniadanie, a potem młodzi muszą ukłonić się starszym ludziom, żeby pokazać szacunek. Starsi ludzie zawsze dają wtedy młodszym kieszonkowe. Po trzecie, u nas w Korei jest dużo gór. Koreańczycy bardzo lubią chodzić po górach. Po wspinaczce jemy obiad w restauracji i pijemy wino ryżowe ‚makgeolli’.

첫 번째로, 한국 사람들은 매우 근면·성실하고, 모든 일을 '빨리빨리' 처리합니다. 업무처리뿐만 아니라, 무엇이든지 항상 빨리하려고 노력합니다. 반면에 참을성이 없어서, 무엇이든지 기다리는 것을 좋아하지 않습니다. 두 번째로, 한국의 새해는 1월이 아닌, 2월입니다. '설날'은 한국에서 가장 중요한 명절입니다. 우리나라에서 새해에는 모든 가족이 모여 아침 식사로 쌀로 만든 국(떡국)을 먹은 후, 어린 사람들은 존경을 표하기 위해 나이 많은 사람에게 절을 합니다. 그때 나이가 많은 사람들은 항상 젊은이들에게 세뱃돈(용돈)을 줍니다. 세 번째로, 한국에는 산이 굉장히 많습니다. 한국 사람들은 등산하는 것을 좋아합니다. 등산 후에는 식당에서 점심을 먹으면서 쌀로 만든 와인인 '막걸리'를 마십니다.

* 육하원칙 의문사 + kolwiek : ~든지

ktokolwiek , kiedykolwiek, gdziekolwiek, cokolwiek
누구든지, 언제든지, 어디든지, 무엇이든지

단어

- pracowity 근면·성실한 (* 복수 : pracowici)
- wykonywać 수행하다, 처리하다
- zadania 업무, 일거리
- niecierpliwy 참을성이 없는 (* 복수 : niecierpliwi)
- cokolwiek 무엇이든지
- ukłonić się 절을 하다, 인사를 하다 (* + 여격)
- pokazywać szacunek 존경심을 표하다
- kieszonkowe 용돈
- chodzić po górach 등산하다
- wspinaczka 등산, 산악

만들어 보세요! 나에게 맞는 스토리로 만들어 외워 보세요.

Po pierwsze, Koreańczycy są bardzo pracowici, zawsze wykonujemy zadania ,szybko szybko'. Nie tylko w pracy, zawsze staramy się wszystko robić szybko. Natomiast jesteśmy bardzo niecierpliwi, nie lubimy czekać na cokolwiek. Po drugie, w Korei ①   (명절)   jest ②   (추석 시기)   . ①, (명절) ' to najważniejsze święto w Korei. U nas ①   (명절)   ③   (추석에 하는 일)

. Po trzecie, u nas w Korei jest dużo gór. Koreańczycy bardzo lubią chodzić po górach. Po wspinaczce jemy obiad w restauracji i pijemy wino ryżowe ,makgeolli'.

첫 번째로, 한국 사람들은 매우 근면·성실하고, 모든 일을 '빨리빨리' 처리합니다. 업무처리뿐만 아니라, 무엇이든지 항상 빨리하려고 노력합니다. 반면에 참을성이 없어서, 무엇이든지 기다리는 것을 좋아하지 않습니다. 두 번째로, 한국의 ① 는 ②   입니다. ①' '은 한국에서 가장 중요한 명절입니다. 우리나라에서 ① 에는 ③

. 세 번째로, 한국에는 산이 굉장히 많습니다. 한국 사람들은 등산하는 것을 좋아합니다. 등산 후에는 식당에서 점심을 먹으면서 쌀로 만든 와인인 '막걸리'를 마십니다.

패턴별 다른 표현들   나에게 맞는 표현을 찾아 위의 문장에 대입시켜 보세요.

①	명절	• 추석 Chuseok
②	추석 시기	• 9월에서 10월 사이 pomiędzy wrześniem a październikiem
③	추석에 하는 일	• 모든 가족들이 모여 한복을 입고, 성묘하고 차례인 제사(기도)를 합니다 wszystkie rodziny ubierają Hanbok, odwiedzają groby i odprawiają rytuał Jesa (i modlą się) • 모두들 송편과 전을 먹고, 강강술래 같은 전통 춤을 추고 전통 민속놀이를 합니다 wszyscy jedzą Songpyeon i naleśniki Jeon, tańczą tradycyjny taniec Ganggangsulae i grają w tradycyjne gry ludowe

* 〈부록〉 기초 단어를 활용해 다양한 표현을 만들어 보세요.

Po pierwsze, Polacy są bardzo mądrzy i cierpliwi. Oni lubią robić wszystko powoli i pracować dokładnie. Słyszałem od znajomych, że w polskich urzędach pracuje się bardzo powoli, a w szpitalu trzeba czekać na badanie przynajmniej 1 godzinę. Tak jest nie tylko w pracy, Polacy lubią też spędzać wolny czas powoli i spokojnie. Po drugie, najważniejsze święto w Polsce to Boże Narodzenie. Wtedy Polacy razem jedzą tradycyjne potrawy na kolację z rodziną, życząc sobie nawzajem wszystkiego najlepszego. Po trzecie, w Polsce nie ma dużo gór. Polacy lubią chodzić po górach i jeździć na nartach, ale w zimie często jeżdżą na wycieczki za granicę.

첫 번째로, 폴란드 사람들은 굉장히 영리하고 참을성이 많습니다. 폴란드 사람들은 무엇이든지 천천히 하며, 정확하게 일하는 것을 좋아합니다. 폴란드 관공서는 아주 천천히 일하며, 병원에서 진단하려면 적어도 1시간을 기다려야 할 때도 있다는 말을 지인에게 들었습니다. 이는 회사에서뿐 아니라, 폴란드 사람들은 여가시간을 보낼 때도 여유롭고 천천히 시간을 보낼 줄 압니다. 두 번째로, 크리스마스는 폴란드에서 가장 중요한 명절입니다. 그때 폴란드 사람들은 서로의 소원을 기원하며, 가족과 함께 전통음식을 먹습니다. 세 번째로, 산이 많지 않습니다. 폴란드 사람들은 등산하는 것을 좋아하며, 스키 타는 것을 좋아하지만 겨울에는 여행 삼아 해외로 자주 나갑니다.

단어

- urząd 관공서
- czekać na badanie 진단을 대기하다
- przynajmniej 적어도
- Boże Narodzenie 크리스마스
- życząc 기원하면서 (현재분사, 동시 동작)

만들어 보세요! 나에게 맞는 스토리로 만들어 외워 보세요.

Po pierwsze, Polacy są bardzo mądrzy i cierpliwi. Oni lubią robić wszystko powoli i pracować dokładnie. Słyszałem od znajomych, że w polskich urzędach pracuje się bardzo powoli, a w szpitalu trzeba czekać na badanie przynajmniej 1 godzinę. Tak jest nie tylko w pracy, Polacy lubią też spędzać wolny czas powoli i spokojnie. Po drugie, najważniejsze święto w Polsce to ① ＿＿＿＿ (명절) ＿＿＿. ②

＿＿＿＿＿＿＿＿＿＿ (부활절에 하는 일) ＿＿＿＿＿＿＿

＿＿＿＿＿＿＿＿. Po trzecie, w Polsce nie ma dużo gór. Polacy lubią chodzić po górach i jeździć na nartach, ale w zimie często jeżdżą na wycieczki za granicę.

첫 번째로, 폴란드 사람들은 굉장히 영리하고 참을성이 많습니다. 폴란드 사람들은 무엇이든지 천천히 하며, 정확하게 일하는 것을 좋아합니다. 폴란드 관공서는 아주 천천히 일하며, 병원에서 진단하려면 적어도 1시간을 기다려야 할 때도 있다는 말을 지인에게 들었습니다. 이는 회사에서뿐 아니라, 폴란드 사람들은 여가시간을 보낼 때도 여유롭고 천천히 시간을 보낼 줄 압니다. 두 번째로, ① ＿＿＿ 는 폴란드에서 가장 중요한 명절입니다. ② ＿＿＿＿＿＿＿＿＿＿＿＿＿＿＿. 세 번째로, 산이 많지 않습니다. 폴란드 사람들은 등산하는 것을 좋아하며, 스키 타는 것을 좋아하지만 겨울에는 여행 삼아 해외로 자주 나갑니다.

패턴별 다른 표현들 나에게 맞는 표현을 찾아 위의 문장에 대입시켜 보세요.

①	명절	・부활절 Wielkanoc
②	부활절에 하는 일	・폴란드 사람들은 금요일 저녁에 성당에 가서 예수의 죽음을 기억하는 미사에 참여합니다 　Polacy w piątek wieczorem idą do kościoła i uczestniczą we Mszy Świętej upamiętniającej śmierć Jezusa ・토요일에는 부활절에 먹는 음식인 소시지, 달걀, 빵, 버터 및 다른 음식 등을 바구니에 담아 성당에 갑니다 　W sobotę każda rodzina niesie do kościoła koszyk z jedzeniem, w koszyku zwykle jest kiełbasa, jajko, chleb, masło i inne jedzenie, które Polacy jedzą w Wielkanoc ・일요일에는 온 가족이 함께 모여 아침을 먹고 예수님의 부활을 축복합니다 　W niedzielę całe rodziny spotykają się razem na śniadanie i świętują zmartwychwstanie Jezusa ・먹기 전에 모든 사람들은 소원을 기원합니다 Przed jedzeniem wszyscy składają sobie życzenia

＊〈부록〉기초 단어를 활용해 다양한 표현을 만들어 보세요.

1. Dlaczego Koreańczycy lubią pracować ‚szybko szybko'?

왜 한국 사람들은 '빨리빨리' 일하는 것을 좋아하는 겁니까?

① 이유는 모르겠지만, 모든 것을 빨리하는 것을 선호하는 편입니다. 너무 빨리 일해야 할 때에는 가끔 피곤하기도 하지만 이미 익숙합니다.

Nie wiem dlaczego, ale wolimy robić wszystko szybko. Czasami jestem zmęczony kiedy muszę pracować za szybko, ale już się przyzwyczaiłem.

② 뭐든지 빨리 마무리를 지으면, 다음 일을 쉽게 할 수 있기 때문입니다.

Kiedy szybko kończymy cokolwiek, możemy robić łatwiej kolejne rzeczy.

2. Co Koreańczycy jedzą w Nowy Rok? 한국 사람들은 새해에 무엇을 먹나요?

① 우리는 아침 식사로 쌀로 만든 국을 먹습니다. '떡국'이라고 부르며, 한 살을 더 먹는다는 의미입니다.

Na śniadanie jemy zupę zrobioną z ryżu. Nazywa się ‚Tteokguk' i symbolizuje, że jesteśmy o jeden rok starsi.

② 우리는 '설날' 전날 모든 가족이 함께 모여 만든 다양한 전통음식을 함께 먹습니다.

Jemy różne tradycyjne jedzenie, które cała rodzina razem gotowała przed dniem ‚Seollal'.

3. Która góra jest najbardziej popularna w Korei?

한국에서 가장 유명한 산은 어디에 있습니까?

① 제주도에 있는 '한라산'은 한국에서 가장 유명한 산입니다. 한국 사람들은 정상까지 등산합니다. 정상에는 아주 아름다운 호수가 있습니다.

‚Halla-san' na wyspie Jeju to najbardziej znana góra w Korei. Koreańczycy chodzą po górach aż dojdą do szczytu. Przy szczycie góry jest bardzo ładne jezioro.

② 설악산은 한국에서 유명한 산입니다. 한국 사람들은 날씨가 좋은 봄과 가을 같은 계절에 그곳에서 등산을 합니다.

Seorak-san jest znaną górą w Korei. Koreańczycy chętnie jeżdżą tam na wiosnę i jesień, gdy jest ładna pogoda.

1. Woli pan pracować szybko czy powoli?

당신은 빨리 일하는 것을 선호합니까 아니면 천천히 일하는 것을 선호합니까?

① 나중에 쉴 수 있기 때문에, 빨리 일하는 것을 좋아합니다.

Wolę pracować szybko, bo później mogę odpoczywać.

② 저는 한 번에 일을 제대로 마무리하는 편이라서, 천천히 일하는 것을 더 선호합니다.

Wolę pracować powoli, bo chciałbym kończyć dokładnie pracę na raz.

2. Wie pan jak wyglądają polskie święta? 폴란드의 명절 모습이 어떠한지 알고 있습니까?

① 정확하게는 모르지만 크리스마스는 폴란드에서 가장 중요하고 가장 큰 명절이라는 것은 알고 있습니다.

Nie wiem dokładnie, ale wiem, że święto Bożego Narodzenia to najważniejsze i największe święto w Polsce.

② 폴란드에서 새해가 중요한 명절이라는 것은 알고 있습니다.

Wiem, że Nowy Rok to bardzo ważne święto w Polsce.

3. Umie pan jeździć na nartach? 당신은 스키를 탈 수 있습니까?

① 네. 저는 18살 때, 스키 타는 법을 배워서 스키를 탈 수 있습니다. 겨울에는 지인들과 함께 스키를 타러 자주 가는 편입니다.

Tak. Umiem jeździć na nartach, nauczyłem się kiedy miałem 18 lat. Zimą często jeżdżę na nartach ze znajomymi.

② 저는 스키 타는 법을 몰라서 겨울 휴가 동안 배울 계획이 있습니다. 제 여자친구는 나에게 스키 타는 법을 가르쳐 줄 것입니다.

Nie umiem jeździć na nartach i planuję uczyć się podczas zimowego urlopu. Moja dziewczyna będzie mnie uczyć jeździć.

🎧 12-7

상황

당신은 공항에 있습니다. 안타깝게도 당신의 짐이 너무 많아서, 무게 초과로 추가 요금을 지불해야 합니다. 초과 요금을 물어보고 다음 무엇을 해야 할지 묻습니다.

🎙 **Jest pan na lotnisku. Niestety pana bagaż jest za duży i pan musi zapłacić za nadbagaż. Pyta się pan o koszt opłaty za nadbagaż i co trzeba teraz zrobić.**

Ja Czy mogę zabrać ten bagaż jako podręczny? 기내에 이 짐을 가지고 들어갈 수 있습니까?

🎙 시험관 Niestety nie, pana bagaż jest za duży i za ciężki. Musi pan zapłacić za nadbagaż. 안타깝지만, 손님 짐은 너무 많기도 하고 너무 무겁습니다. 추가 요금을 지불하셔야 합니다.

Ja Dobrze. Ile muszę zapłacić? 알겠습니다. 그럼 얼마를 내야 하나요?

🎙 시험관 50 złotych. 50 즈워티입니다.

Ja Czy potrzebuje pani numer mojego lotu? 제 출국 번호가 필요하시나요?

🎙 시험관 Nie, ale potrzebuję pana paszport. Proszę, to jest pana bilet. 아니요, 당신의 여권이 필요합니다. 여기, 티켓이 있습니다.

Ja Dziękuję. Co mam teraz zrobić? 감사합니다. 그럼 다음은 무엇을 해야 하나요?

🎙 시험관 Proszę przejść przez tamtą bramkę - tam jest hala odlotów. Może pan iść na zakupy, zjeść coś lub po prostu spróbować się zrelaksować. 이 게이트를 통과하시면 저곳에 출국장이 있습니다. 들어가서 쇼핑을 하셔도 되고 음식을 먹어도 되고, 그냥 쉬셔도 됩니다.

Ja Dziękuję bardzo. 매우 감사합니다.

🎙 시험관 Bardzo proszę. 별말씀을요.

상상해 보세요! 나에게 맞는 상상속의 스토리를 만들어 보세요.

Ja Czy mogę zabrać ten bagaż jako podręczny? 기내에 이 짐을 가지고 들어갈 수 있습니까?

🖉 시험관 Niestety nie, pana bagaż jest za duży i za ciężki. Musi pan zapłacić za nadbagaż.

안타깝지만, 손님 짐은 너무 많기도 하고 너무 무겁습니다. 추가 요금을 지불하셔야 합니다.

Ja Dobrze. Ile muszę zapłacić? 알겠습니다. 그럼 얼마를 내야 하나요?

🖉 시험관 ___(비용)___ złotych. ___(비용)___ 즈워티입니다.

Ja Czy potrzebuje pani numer mojego lotu? 제 출국 번호가 필요하시나요?

🖉 시험관 Nie, ale potrzebuję ___(필요한 서류)___. Proszę, to jest pana bilet.

아니요, ___(필요한 서류)___ 이 필요합니다. 여기, 티켓이 있습니다.

Ja Dziękuję. Co mam teraz zrobić? 감사합니다. 그럼 다음은 무엇을 해야 하나요?

🖉 시험관 Proszę przejść przez tamtą bramkę - tam jest hala odlotów. Może pan iść na zakupy, zjeść coś lub po prostu spróbować się zrelaksować. 이 게이트를 통과하시면 저곳에 출국장이 있습니다. 들어가서 쇼핑을 하셔도 되고 음식을 먹어도 되고, 그냥 쉬셔도 됩니다.

Ja Dziękuję bardzo. 매우 감사합니다.

🖉 시험관 Bardzo proszę. 별말씀을요.

단어

- nadbagaż 무게 초과
- opłata 요금
- podręczny 기내용
- bramka 게이트
- hala odlotów 출국장
- po prostu 그냥, 단지

Co pan chce robić w przyszłości?

당신은 미래에 무엇을 하고 싶습니까?

미래와 관련된 문제의 경우에는, 미래형 동사(완료 & 불완료 미래)와 표현을 적절하게 반영해서 답변해야 합니다. 구체적으로는 5년, 10년 뒤의 계획과 관련된 문제와 연결해서 출제될 수도 있으므로, 미래 계획에 대해 테마별로 답변을 정해두는 것이 중요합니다.

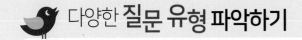 다양한 **질문 유형** 파악하기

"미래 계획"의 다양한 질문 유형입니다. 🎧 **13-1**

- **Co pan planuje robić za 10 lat?** 당신의 10년 후 계획은 무엇입니까?

- **Co pan chce robić w przyszłości?** 미래에 당신은 무엇을 하고 싶습니까?

- **Jakie ma pan plany na przyszłość?** 미래에 대한 당신의 계획은 무엇입니까?

"미래 계획"에 관한 다른 표현의 질문들입니다. 🎧 **13-2**

시험관의 질문에는 단답형 보다 아래의 답변 뒤에 준비한 스크립트를 자연스럽게 이어서 답변하는 것이 좋습니다. 추가 질문이 답변한 스크립트 안에서 나올 수 있도록 질문을 유도하는 것이 중요합니다.

① Co pan planuje robić za 10 lat? 10년 뒤 무엇을 계획하고 있습니까?

➡ Za 10 lat chciałbym zostać fotografem. Obecnie po pracy chodzę na zajęcia z fotografii.

10년 뒤에는 사진작가가 되고 싶습니다. 현재는 퇴근 후 사진 수업을 받으러 갑니다.

② Co pan chce robić w przyszłości? 당신은 미래에 무엇을 하고 싶습니까?

➡ Gdy zarobię dużo pieniędzy, chciałbym prowadzić własną kawiarnię. Bardzo lubię kawę i chciałbym zostać baristą.

돈을 많이 벌면, 개인 커피숍을 운영하고 싶습니다. 저는 커피를 아주 좋아해서 바리스타가 되고 싶습니다.

③ Ma pan plany na przyszły rok? 내년 계획이 있습니까?

➡ Planuję pojechać do Polski, chciałbym tam dużo podróżować i spędzać miły czas z Polakami.

저는 폴란드 여행을 계획하고 있는데, 그곳에서 여행을 많이 하고 싶고 폴란드 사람들과 좋은 시간을 보내고 싶습니다.

Za 10 lat chciałbym zostać baristą. Bardzo lubię pić kawę. Kiedy wstaję wcześnie rano, zawsze robię sobie kawę. Jeżeli będę zarabiał dużo pieniędzy, chciałbym zbudować ładną kawiarnię na plaży. Ponadto chciałbym podróżować po świecie i poszukać wyjątkowej kawy. Teraz dużo pracuję i nie mam wolnego czasu, ale za 10 lat chciałbym prowadzić własną kawiarnię i spokojnie spędzać czas.

저는 10년 뒤에 바리스타가 되고 싶습니다. 저는 커피 마시는 것을 좋아합니다. 아침에 일찍 일어나면 늘 커피를 내려 마시곤 합니다. 돈을 많이 벌면, 해변가에 예쁜 커피숍을 짓고 싶습니다. 또한 세계 곳곳을 여행하며 특별한 커피를 찾아다니고 싶습니다. 지금은 일을 많이 하고 있어서 여유 시간을 찾기 힘들지만, 10년 뒤에는 개인 커피숍을 운영하며 천천히 여유로운 시간을 보내고 싶습니다.

◀ **단어** ◀

□ zostać ~가 되다
□ barista 바리스타
□ zbudować (건물을) 짓다 [완료]

□ plaża 해변
□ podróżować po świecie 세계 곳곳을 여행하다
□ wyjątkowy 특별한

□ prowadzić 운영하다, 진행하다
□ własna 자신의

만들어 보세요! 나에게 맞는 스토리로 만들어 외워 보세요.

Za 10 lat chciałbym zostać ① (미래 직업) . Bardzo lubię ② (좋아하는 것) . Kiedy wstaję wcześnie rano, zawsze ② (좋아하는 것) . Jeżeli będę zarabiał dużo pieniędzy, chciałbym zbudować ③ (꿈) na plaży. Ponadto chciałbym podróżować po świecie i poszukać wyjątkowej ④ (찾고 싶은 것) . Teraz dużo pracuję i nie mam wolnego czasu, ale za 10 lat chciałbym ⑤ (10년 뒤, 하고 싶은 일) .

저는 10년 뒤에 ① 가 되고 싶습니다. 저는 ② 을 좋아합니다. 아침에 일찍 일어나면 ② . 돈을 많이 벌면, 해변가에 ③ 을 짓고 싶습니다. 또한 세계 곳곳을 여행하며 특별한 ④ 를 찾아다니고 싶습니다. 지금은 일을 많이 하고 있어서 여유 시간을 찾기 힘들지만, 10년 뒤에는 ⑤ 싶습니다.

▶ 패턴별 다른 표현들 | 나에게 맞는 표현을 찾아 위의 문장에 대입시켜 보세요.

①	미래 직업	• 사진작가 fotograf · 제빵사 piekarz
②	좋아하는 것	• 사진을 찍다 robić zdjęcia • 사진 전시를 보다 / 사진 앨범을 보다 oglądać wystawy zdjęć / oglądać albumy ze zdjęciami • 빵과 쿠키를 굽다 piec chleb i ciasteczka • 신선한 빵을 사기 위해 빵집에 가다 chodzić do piekarni i kupować świeży chleb
③	꿈	• 사진관 sklep fotograficzny · 빵집, 제과점 piekarnia • 작은 제과점 mała piekarnia
④	찾고 싶은 것	• 사진 zdjęcie · 빵과 쿠키 chleb i ciasteczka
⑤	10년 뒤, 하고 싶은 일	• 세계 곳곳을 다니며 사진을 찍다 podróżować po świecie i robić zdjęcia • 작은 제과점을 운영하며, 좋아하는 빵과 쿠키를 굽다 prowadzić własną małą piekarnię i piec ulubiony chleb i ciasteczka

* 〈부록〉 기초 단어를 활용해 다양한 표현을 만들어 보세요.

Za pół roku chciałbym pojechać do Polski. Obecnie planuję wyjazd do Polski w czerwcu i chcę zostać tam przez pół roku. Gdy będę w Polsce, chciałbym kupić własne mieszkanie w Gdańsku. Słyszałem, że Gdańsk to bardzo ładne miasto i warto tam zainwestować w nieruchomości. Najpierw będę badać rynek nieruchomości w Polsce, a potem analizować warunki umowy. Oczywiście, chciałbym podróżować po Polsce i poszukać dobrego mieszkania. Bardzo lubię Polskę i chciałbym często jeździć do Polski kiedy kupię tam mieszkanie. Ponadto chciałbym zapisać się na kurs polskiego i uczyć się pilnie. Chciałbym móc rozmawiać z Polakami i poznać nowych przyjaciół.

반년 후에는 폴란드에 가고 싶습니다. 6월에 폴란드 여행을 계획하고 있으며 반년 동안 머물 예정입니다. 폴란드에 가면, 그다인스크에 집을 구매하고 싶습니다. 그다인스크는 아주 아름다운 도시로, 부동산 투자를 할 만한 가치가 있다고 들었습니다. 먼저 폴란드 부동산 시장을 살펴보고, 계약 조건 등을 분석할 것입니다. 물론, 폴란드 여기저기를 다니며 좋은 집을 찾을 것입니다. 저는 폴란드를 너무 좋아해서 그곳에 집을 구매하면, 자주 폴란드에 가고 싶습니다. 폴란드어 어학과정에 등록하여 열심히 공부하고 싶습니다. 폴란드 사람들과 대화를 하고 새로운 친구들을 만나고 싶습니다.

단어

- zainwestować 투자하다
- badać 진단하다, 조사하다
- analizować 분석하다
- nieruchomość 부동산
- rynek nieruchomości 부동산 시장
- warunki umowy 계약 조건

만들어 보세요! 나에게 맞는 스토리로 만들어 외워 보세요.

Za pół roku chciałbym pojechać do ① ＿(나라)＿ . Obecnie planuję wyjazd do ① ＿(나라)＿ w ＿(여행 예정일)＿ i chcę zostać tam przez ＿(여행 기간)＿ . Gdy będę w ① ＿(나라)＿ , chciałbym kupić własne mieszkanie w ② ＿(여행지)＿ . Słyszałem, że ② ＿(여행지)＿ to bardzo ładne miasto i warto tam zainwestować w nieruchomości. Najpierw będę badać rynek nieruchomości w ① ＿(나라)＿ , a potem analizować warunki umowy. Oczywiście, chciałbym podróżować po ① ＿(나라)＿ i poszukać dobrego mieszkania. Bardzo lubię ① ＿(나라)＿ i chciałbym często jeździć do ① ＿(나라)＿ kiedy kupię tam mieszkanie. Ponadto chciałbym zapisać się na kurs ③ ＿(나라별 언어)＿ i uczyć się pilnie. Chciałbym móc rozmawiać z ＿(사람)＿ i poznać nowych przyjaciół.

반년 후에는 ① ＿＿ 에 가고 싶습니다. ＿＿ 에 ① ＿＿ 여행을 계획하고 있으며 ＿＿ 동안 머물 예정입니다. ① ＿＿ 에 가면, ② ＿＿ 에 집을 구매하고 싶습니다. ② ＿＿ 는 아주 아름다운 도시로, 부동산 투자를 할 만한 가치가 있다고 들었습니다. 먼저 ① ＿＿ 부동산 시장을 살펴보고, 계약 조건 등을 분석할 것입니다. 물론, ① ＿＿ 여기저기를 다니며 좋은 집을 찾을 것입니다. 저는 ① ＿＿ 를 너무 좋아해서 그곳에 집을 구매하면, 자주 ① ＿＿ 에 가고 싶습니다. ③ ＿＿ 어학과정에 등록하여 열심히 공부하고 싶습니다. ＿＿ 과 대화를 하고 새로운 친구들을 만나고 싶습니다.

	패턴별 다른 표현들	나에게 맞는 표현을 찾아 위의 문장에 대입시켜 보세요.
①	나라	• 체코 Czechy · 슬로바키아 Słowacja · 헝가리 Węgry · 루마니아 Rumunia • 크로아티아 Chorwacja · 세르비아 Serbia
②	여행지	• 프라하 Praga · 브라티슬라바 Bratysława · 부다페스트 Budapeszt • 부쿠레슈티 Bukareszt · 자그레브 Zagrzeb · 베오그라드 Belgrad
③	나라별 언어	• 체코어 język czeski · 슬로바키아어 język słowacki · 헝가리어 język węgierski • 루마니아어 język rumuński · 크로아티아어 język chorwacki • 세르비아어 język serbski

＊〈부록〉 기초 단어를 활용해 다양한 표현을 만들어 보세요.

1. **Gdzie ostatnio robił pan zdjęcia za granicą?** 최근에 해외에서 찍은 사진이 있습니까?

① 가족과 함께 일본에 갔을 때, 사진을 자주 찍었습니다.

Kiedy byłem w Japonii z rodziną, często robiłem zdjęcia.

② 3주 전에 저는 친구들과 함께 베트남에 다녀왔습니다. 그때 우리는 아름다운 사진들을 많이 찍었습니다.

3 tygodnie temu byłem w Wietnamie z kolegami. Wtedy zrobiliśmy dużo ładnych zdjęć.

2. **Gdzie pan chce robić zdjęcia za 10 lat?** 당신은 10년 뒤에 어디에서 사진을 찍고 싶나요?

① 도시에는 늘 사람이 많기 때문에 시골에서 사진 찍는 것을 더 선호하는 편입니다. 저는 동물과 경치 사진을 자주 찍는 편입니다.

Wolę robić zdjęcia na wsi, bo w mieście jest zawsze dużo ludzi. Ja wolę robić zdjęcia zwierząt i krajobrazów.

② 시골은 매우 아름답기 때문에 아름다운 경치를 배경으로 사진 찍는 것을 좋아합니다.

Na wsi jest bardzo pięknie, a ja lubię robić zdjęcia ładnych widoków.

3. **Kim chce zostać pana córka?** 당신 딸의 꿈은 무엇입니까?

① 제 딸은 가수가 되고 싶어 합니다. 제 딸은 음악을 듣고 춤추는 것을 좋아합니다.

Ona chciałaby zostać piosenkarką. Ona bardzo lubi tańczyć i słuchać muzyki.

② 제 딸은 누군가를 가르치는 것을 좋아해서 선생님이 되고 싶어 합니다.

Moja córka lubi uczyć innych, ona chciałaby zostać nauczycielką.

1. Wie pan, kim pana żona chce zostać za 10 lat? 당신 아내의 10년 뒤 꿈이 무엇인지 알고 있나요?

① 네, 알고있습니다. 아내는 영어 번역가가 되고 싶어 합니다. 영문과를 전공했습니다. 지금은 회사에서 일을 하고 있지만 10년 뒤에는 번역가가 되고 싶어 합니다.

Tak, wiem. Ona chce zostać tłumaczką języka angielskiego. Ona studiowała język angielski. Teraz pracuje w firmie, ale za 10 lat chce pracować jako tłumaczka.

② 제 아내는 폴란드어 선생님이 되고 싶어 합니다. 그래서 폴란드 대학교에서 폴란드어를 전공하고 있습니다.

Moja żona chciałaby zostać nauczycielką języka polskiego. Dlatego ona studiuje język polski na polskim uniwersytecie.

2. Gdzie pan chce mieszkać za 10 lat? 10년 뒤에는 어디에서 살고 싶나요?

① 저는 바닷가에서 살고 싶습니다. 아내와 여유로운 시간을 보내고 싶으며 휴식을 취하고 싶습니다.

Chciałbym mieszkać przy plaży. Chciałbym spędzać wolny czas z żoną i odpoczywać.

② 저는 폴란드에서 살고 싶습니다. 폴란드에서는 스트레스 없이 조용히 살 수 있습니다.

Chciałbym mieszkać w Polsce. W Polsce żyje się spokojnie i bez stresu.

3. Kiedy zaczyna się emerytura w Korei? 한국은 정년퇴직이 언제부터 시작되나요?

① 한국에서의 정년퇴직은 64세에 시작됩니다. 그때부터 사람들은 정부로부터 연금을 받습니다.

W Korei na emeryturę przechodzi się w wieku 64 lat. Od tego czasu ludzie dostają emeryturę od rządu.

② 정년 퇴직 후 64세가 되어도, 많은 사람들은 여전히 일을 하고 싶어 합니다.

Na emeryturę przechodzi się w wieku 64 lat, ale wielu ludzi nadal chce jeszcze pracować.

Role Play

OPI 시험을 마치기 전 마지막 코스로 '롤플레이'를 진행하게 됩니다. 하나의 상황을 시험관이 제시하고 해당 역할을 주면, 그 역할의 인물이 되어 시험관과 함께 '역할극'을 하게 됩니다. 주어진 상황에 맞게 역할극을 연습해 보세요.

 13-7

상황

당신은 자신의 친구를 파티에 초대하고 싶습니다. 친구는 몇 시에 어디에서 파티를 하는지 묻습니다. 당신은 파티에 지인들을 위해 한국 전통음식을 요리할 예정입니다. 친구는 당신에게 도움이 필요한 지 묻습니다.

🎙 **Chce pan zaprosić swojego kolegę na imprezę. Kolega pyta się o której godzinie i gdzie będzie impreza. Pan ugotuje tradycyjne koreańskie jedzenie dla znajomych na imprezę. Kolega pyta się, czy może panu pomóc.**

Ja Cześć, Michał. Chciałbym zaprosić cię na kolację. Masz dzisiaj czas?

안녕, 미하우. 저녁 식사에 너를 초대하고 싶어. 오늘 시간 돼?

🎙 시험관 Dziękuję za zaproszenie. Z jakiej okazji jest ta kolacja?

초대해 줘서 고마워. 어떤 일로 저녁 식사에 초대하는 거야?

Ja Dzisiaj mam urodziny. Chciałbym zrobić małą imprezę u mnie w domu.

오늘 내 생일이야. 우리 집에서 조그만 파티를 열고 싶어.

🎙 시험관 Życzę ci wszystkiego najlepszego. O której godzinie będzie impreza? 생일 축하해. 몇 시에 파티할 거야?

Ja O osiemnastej. Pasuje ci taki czas? Będę gotował dla znajomych tradycyjne koreańskie jedzenie.

저녁 6시에 예정이야. 시간 괜찮아? 지인들을 위해 한국 전통음식을 요리할 거야.

🎙 시험관 Miło to słyszeć. Do zobaczenia o osiemnastej. Proszę powiedz mi, jeśli potrzebujesz mojej pomocy. Mogę wcześniej pojechać do ciebie. 좋을 것 같아. 저녁 6시에 보자. 내 도움이 필요하면 미리 이야기해 줘. 일찍 너한테 갈 수 있어.

Ja Ok. Dziękuję. Będę czekał na ciebie. Do zobaczenia.

응. 고마워. (너를) 기다릴게. 이따 봐.

상상해 보세요! 나에게 맞는 상상속의 스토리를 만들어 보세요.

Ja Cześć, Michał. Chciałbym zaprosić cię na kolację. Masz ⬚(초청일) czas?

안녕, 미하우. 저녁 식사에 너를 초대하고 싶어. ⬚(초청일) 시간 돼?

🖋 시험관 Dziękuję za zaproszenie. Z jakiej okazji jest ta kolacja?

초대해 줘서 고마워. 어떤 일로 저녁 식사에 초대하는 거야?

Ja Dzisiaj mam urodziny. Chciałbym zrobić małą imprezę ⬚(초청 장소) .

오늘 내 생일이야. ⬚(초청 장소) 조그만 파티를 열고 싶어.

🖋 시험관 Życzę ci wszystkiego najlepszego. O której godzinie będzie impreza? 생일 축하해. 몇 시에 파티할 거야?

Ja O ⬚(시간) . Pasuje ci taki czas? Będę gotował dla znajomych ⬚(음식) .

저녁 ⬚(시간) 시에 예정이야. 시간 괜찮아? 지인들을 위해 ⬚(음식) 을 요리할 거야.

🖋 시험관 Miło to słyszeć. Do zobaczenia o ⬚(시간) . Proszę powiedz mi, jeśli potrzebujesz mojej pomocy. Mogę wcześniej pojechać do ciebie.

좋을 것 같아. ⬚(시간) 시에 보자. 내 도움이 필요하면 미리 이야기해 줘. 일찍 너한테 갈 수 있어.

Ja Ok. Dziękuję. Będę czekał na ciebie. Do zobaczenia.

응. 고마워. (너를) 기다릴게. 이따 봐.

단어

□ zaprosić (완료) - zapraszać (불완료)
초대하다

□ zaproszenie 초대

□ z jakiej okazji 어떤 이유로

□ mieć urodziny 생일이다

Woli pan mieszkać w mieście czy na wsi?

당신은 도시에 사는 것을 선호합니까 아니면 시골에 사는 것을 더 선호합니까?

도시와 시골 선호도와 관련된 문제의 경우, 현재 도시에 살고 있을 경우에는 삶에 대한 만족도(편의, 장점)와 단점 등을 자연스럽게 연결하는 것이 좋으며, 향후 시골에 살고 싶을 때, 도시와 반대되는 점에 대한 내용을 연결해서 자연스럽게 구사하는 것이 좋습니다.

다양한 질문 유형 파악하기

"도시 vs. 시골"의 다양한 질문 유형입니다. 🎧 14-1

- **Woli pan wieś czy miasto?** 시골 혹은 도시 중 선호하는 곳은 어디입니까?

- **Jakie są zalety życia na wsi?** 시골에 사는 것에 대한 장점은 무엇입니까?

- **Lubi pan bardziej miasto czy wieś?**
  당신은 도시 혹은 시골 중 어느 곳을 더 좋아합니까?

"도시 vs. 시골"에 관한 다른 표현의 질문들입니다. 🎧 14-2

시험관의 질문에는 단답형 보다 아래의 답변 뒤에 준비한 스크립트를 자연스럽게 이어서 답변하는 것이 좋습니다.
추가 질문이 답변한 스크립트 안에서 나올 수 있도록 질문을 유도하는 것이 중요합니다.

① Woli pan wieś czy miasto? 당신은 시골을 선호합니까 아니면 도시를 선호합니까?

➡ **Wolę wieś, ponieważ życie w mieście jest skomplikowane. Moim zdaniem na wsi można żyć powoli i spokojnie.** 도시에 사는 삶은 복잡하기 때문에 시골을 더 선호합니다. 시골에서는 여유롭고 차분하게 살 수 있을 것이라고 생각합니다.

② Lubi pan bardziej miasto czy wieś? 당신은 도시 혹은 시골 중 어느 곳을 더 좋아합니까?

➡ **Bardziej lubię miasto, ponieważ życie w mieście jest zawsze interesujące. Można tam robić dużo ciekawych rzeczy.** 도시에서의 삶은 늘 흥미롭기 때문에, 도시를 더 좋아합니다. 그곳에서 흥미로운 많은 것들을 할 수 있습니다.

③ Myśli pan, że życie na wsi jest lepsze? 당신은 시골의 삶이 더 좋다고 생각합니까?

➡ **Myślę, że życie w mieście jest lepsze niż na wsi. Pracuję w Seulu i dla mnie bardzo ważny jest transport publiczny.** 저는 시골보다 도시에서의 삶이 좋다고 생각합니다. 저는 서울에서 일하는데 대중교통이 저에게 있어서 매우 중요합니다.

Wolę mieszkać w dużym mieście niż na wsi. W dużym mieście jest dużo do zobaczenia i zrobienia. Lubię atmosferę miasta, hałas i ludzi. Ponadto lubię robić zakupy w centrum handlowym, przynajmniej raz na tydzień robię tam zakupy. W mieście są hotele, parki, puby i restauracje. Wszystko jest dostępne i życie jest wygodne. Ponadto zawsze korzystam z komunikacji miejskiej. Metro jest szybkie i mogę wygodnie jeździć do pracy. Poza tym, w weekend lubię chodzić wieczorem do pubu i uwielbiam tańczyć w klubach. W mieście można robić różne ciekawe rzeczy i nigdy się nie nudzę.

저는 시골보다 대도시에 사는 것을 선호합니다. 대도시에서는 볼거리와 할 것이 많습니다. 도시의 분위기, 소음과 사람들이 좋습니다. 저는 백화점에서 쇼핑하는 것을 좋아해서, 적어도 일주일에 1번은 그곳에서 쇼핑을 합니다. 도시에는 호텔, 공원, 술집과 음식점이 있습니다. 모든 것들이 접근성이 좋고 삶이 편안합니다. 또한 저는 늘 대중교통을 이용합니다. 지하철은 빨라서 편안하게 직장에 갈 수 있습니다. 그 외에도, 주말 저녁에는 술집에 가는 것을 좋아하고 클럽에서 춤추는 것을 매우 좋아합니다. 도시에는 다양하고 흥미로운 것들을 할 수 있고 지루할 일이 없습니다.

단어

- w dużym mieście 대도시에 (= duże miasto)
- do zobaczenia i zrobienia 볼 것과 할 것
- przynajmniej 적어도
- dostępne 접근이 용이하다
- korzystać z ~를 이용하다 (*소유격)
- komunikacja miejska 대중교통
- dostać się do 도달하다
- poza tym 그 외에도
- uwielbiać 매우 좋아하다

Wolę mieszkać w dużym mieście niż na wsi. W dużym mieście jest dużo do zobaczenia i zrobienia. Lubię atmosferę miasta, hałas i ludzi. Ponadto lubię robić zakupy w centrum handlowym, przynajmniej ① ____ (쇼핑 횟수) robię tam zakupy. W mieście są ② ____ (장소) ____ . Wszystko jest dostępne i życie jest wygodne. Ponadto zawsze korzystam z ③ ____ (교통수단) ____ . ③ (교통수단) jest szybkie i mogę wygodnie jeździć do pracy. Poza tym, w weekend lubię chodzić wieczorem do pubu i uwielbiam tańczyć w klubach. W mieście można robić różne ciekawe rzeczy i nigdy się nie nudzę.

저는 시골보다 대도시에 사는 것을 선호합니다. 대도시에서는 볼거리와 할 것이 많습니다. 저는 도시의 분위기, 소음과 사람들이 좋습니다. 저는 백화점에서 쇼핑하는 것을 좋아해서, 적어도 ① ____ 은 그곳에서 쇼핑을 합니다. 도시에는 ② ____ 이 있습니다. 모든 것들이 접근성이 좋고 삶이 편안합니다. 또한 저는 늘 ③ ____ 을 이용합니다. ③ ____ 은 빨라서 편안하게 직장에 갈 수 있습니다. 그 외에도, 주말 저녁에는 술집에 가는 것을 좋아하고 클럽에서 춤추는 것을 매우 좋아합니다. 도시에는 다양하고 흥미로운 것들을 할 수 있고 지루할 일이 없습니다.

패턴별 다른 표현들   나에게 맞는 표현을 찾아 위의 문장에 대입시켜 보세요.

①	쇼핑 횟수	• 주말마다 co weekend • 매주 co tydzień • 일주일에 2~3번 2 lub 3 razy w tygodniu • 한 달에 5번 이상 ponad 5 razy w miesiącu
②	장소	• 공원 park • 백화점 centrum handlowe • 학교 szkoła • 마트 supermarket • 서점 księgarnia • 클럽 klub • 시청 ratusz • 대형마트 hipermarket • 영화관 kino
③	교통수단	• 기차 pociąg • 회사 버스 autokar firmowy • 버스 autobus • 트램 tramwaj • 택시 taksówka

＊〈부록〉 기초 단어를 활용해 다양한 표현을 만들어 보세요.

Wolę mieszkać na wsi. Duże miasta są zbyt zatłoczone. Moim zdaniem jest w nich za dużo ludzi i hałasu. Bardzo lubię robić zdjęcia na wsi i chodzić na spacery do parku. Nie lubię szybko żyć i pracować. Poza tym, lubię spędzać czas w domu. Według mnie lepiej jest mieszkać w małym mieście. Wszyscy się znają, czuję się tam bezpieczniej. Nie znoszę środków komunikacji miejskiej. Wszystkie środki komunikacji miejskiej są zatłoczone i niewygodne. Ja codziennie chodzę do pracy pieszo. To pozwala mi zachować sprawność i zdrowie. Tylko kiedy się spieszę, korzystam z taksówek.

저는 시골에서 사는 것을 더 선호합니다. 대도시는 다소 혼잡합니다. 제 입장에서 그곳은 사람이 너무 붐비고 소음이 큽니다. 저는 시골에서 사진을 찍고 공원으로 산책 가는 것을 매우 좋아합니다. 저는 빨리 일하고 빠르게 사는 것을 좋아하지 않습니다. 그 외에도, 저는 집에서 보내는 시간을 좋아합니다. 저는 작은 도시에 사는 것이 더 좋습니다. 사람들끼리 서로 알고, 그곳에서 안전하게 느끼기 때문입니다. 저는 대중교통수단을 싫어합니다. 모든 대중교통수단은 혼잡하고 불편합니다. 저는 매일 걸어서 회사에 갑니다. 컨디션과 건강을 유지시켜 줍니다. 단, 서둘러야 할 때만 택시를 이용하는 편입니다.

---

* pozwoli(완료)/pozwala(불완료) + 여격 + 동사원형 : (여격)~에게 (동사)하는 것을 허락하다

  Mój szef pozwolił mi wziąć urlop.
  제 상사는 저에게 휴가를 허락해 줬다.

단어

- zbyt 다소
- zatłoczone 붐비는
- hałas 소음
- według ~에 따라서
- w małym mieście 소도시에서

- znać się (서로) 알다
- bezpiecznie 안전하게
- nie znosić 싫어하다
- środki komunikacji miejskiej 교통수단

- pieszo 걸어서
- zachować 유지하다
- sprawność 컨디션
- spieszyć się 서두르다

만들어 보세요! 나에게 맞는 스토리로 만들어 외워 보세요.

Wolę mieszkać na wsi. Duże miasta są zbyt zatłoczone. Moim zdaniem jest w nich za dużo ludzi i hałasu. Bardzo lubię ① ____(시골에서 할 수 있는 일)____ . Nie lubię szybko żyć i pracować. Poza tym, lubię spędzać czas w domu. Według mnie lepiej jest mieszkać w małym mieście. Wszyscy się znają, czuję się tam bezpieczniej. Nie znoszę środków komunikacji miejskiej. Wszystkie środki komunikacji miejskiej są zatłoczone i niewygodne. Ja codziennie chodzę do pracy pieszo. To pozwala mi zachować sprawność i zdrowie. Tylko kiedy się spieszę, korzystam z ② __(교통수단)__ .

저는 시골에서 사는 것을 더 선호합니다. 대도시는 다소 혼잡합니다. 제 입장에서 그곳은 사람이 너무 붐비고 소음이 큽니다. 저는 ① _____ 을 좋아합니다. 저는 빨리 일하고 빠르게 사는 것을 좋아하지 않습니다. 그 외에도, 저는 집에서 보내는 시간을 좋아합니다. 저는 작은 도시에 사는 것이 더 좋습니다. 사람들끼리 서로 알고, 그곳에서 안전하게 느끼기 때문입니다. 저는 대중교통수단을 싫어합니다. 모든 대중교통수단은 혼잡하고 불편합니다. 저는 매일 걸어서 회사에 갑니다. 컨디션과 건강을 유지시켜 줍니다. 단, 서둘러야 할 때만 ② ▨ 를 이용하는 편입니다.

패턴별 다른 표현들   나에게 맞는 표현을 찾아 위의 문장에 대입시켜 보세요.

① 시골에서 할 수 있는 일	• 농장에서 농작물을 키우다 uprawiać warzywa na farmie • 신선한 공기를 마시다 oddychać świeżym powietrzem • 다양한 동물을 기르다 hodować różne zwierzęta • 자연 속에서 휴식을 취하다 odpoczywać na łonie natury
② 교통수단	• 자동차 samochód · 버스 autobus · 트램 tramwaj · 택시 taksówka

* 〈부록〉 기초 단어를 활용해 다양한 표현을 만들어 보세요.

1. **Jak pan myśli, jaka jest wada życia w mieście?** 도시 삶의 단점은 무엇이라고 생각합니까?

① 사람이 많고 가끔 도시는 복잡합니다.

Jest dużo ludzi i czasami miasto jest skomplikowane.

② 도시의 집값이 매우 비싸서 자기 소유의 집을 사기 어려운 점입니다.

Trudno nam kupić własny dom, bo mieszkania w mieście są bardzo drogie.

2. **Kiedy wybiera pan mieszkanie, co jest najważniejsze dla pana?**

거주지를 선정할 시, 가장 중요한 요소가 무엇입니까?

① 저에게 있어서는 교통수단이 가장 중요한 요소입니다. 보통 주중에는 지하철로 출근하는 편이라서 집과 지하철역이 가까워야 합니다.

Dla mnie najważniejsza rzecz to komunikacja miejska. Zazwyczaj w tygodniu jeżdżę do pracy metrem, dlatego musi być blisko od stacji metra do domu.

② 저는 매일 쇼핑을 하기 때문에 대형마트가 집 주변에 꼭 있어야 합니다.

Codziennie robię zakupy, dlatego obok mojego domu musi być hipermarket.

3. **Często pan chodzi do klubu?** 당신은 클럽에 자주 가나요?

① 네, 저는 새로운 사람들을 만나고 춤을 추는 것을 좋아해서 자주 클럽에 가는 편입니다. 맥주 마시며 시끄러운 음악을 듣는 것을 좋아합니다. 이렇게 쉴 수 있습니다.

Tak, często chodzę do klubu, bo lubię tańczyć i poznawać nowych ludzi. Lubię pić piwo i słuchać głośnej muzyki. Tak mogę się zrelaksować.

② 저는 소음을 싫어해서, 클럽은 거의 가지 않습니다. 춤추거나 노래 부르는 것도 좋아하지 않습니다. 술집에서 조용히 맥주 마시는 편이 더 좋습니다.

Nie lubię hałasu, rzadko chodzę do klubu. Nie lubię ani tańczyć ani śpiewać. Wolę pić piwo spokojnie w pubie.

1. Jaka jest wada życia na wsi? 시골 삶의 단점은 무엇입니까?

① 시골에는 회사가 많지 않아서, 일자리를 찾기가 어렵습니다. 저는 정년퇴직 후 시골에서 살고 싶습니다.

Nie ma dużo firm na wsi, trudno znaleźć pracę. Myślę, że chciałbym mieszkać na wsi na emeryturze.

② 시골에는 편안한 대중교통이 없기 때문에 어딘가를 이동하기 어렵다는 점입니다.

Trudno jest gdzieś pojechać, bo na wsi nie ma wygodnego transportu publicznego.

2. Czy pan umie uprawiać ryż? 쌀 농사를 지을 수 있나요?

① 쌀 농사를 지어 본 적은 없습니다만, 제 부모님은 쌀을 경작해서 도시에 판매하고 있습니다.

Nie umiem uprawiać ryżu, moi rodzice uprawiają ryż i później sprzedają go do miast.

② 쌀 농사를 지어본 적은 없고 항상 가게에서 쌀을 사 먹고 있습니다.

Nie umiem uprawiać ryżu, zawsze kupuję ryż w sklepie.

3. Młodzi ludzie lubią mieszkać na wsi? 젊은 사람들은 시골에 사는 것을 좋아하나요?

① 젊은 사람들은 시골에 거의 살고 있지 않습니다. 젊은 사람들은 직장을 찾아야 하기 때문에 도시 집값이 시골보다 월등히 비싸도 도시에 사는 것을 선호합니다.

Młodzi ludzie rzadko mieszkają na wsi. Oni muszą szukać pracy, dlatego wolą mieszkać w mieście, chociaż mieszkania w mieście są o wiele droższe niż na wsi.

② 제 지인들은 도시에 사는 것이 싫증 난다고 합니다. 가끔은 시골로 이사 가고 싶다고 말합니다.

Moi znajomi są zmęczeni życiem w mieście. Czasami mówią, że chcą przeprowadzić się na wieś.

Role Play

OPI 시험을 마치기 전 마지막 코스로 '롤플레이'를 진행하게 됩니다. 하나의 상황을 시험관이 제시하고 해당 역할을 주면, 그 역할의 인물이 되어 시험관과 함께 '역할극'을 하게 됩니다. 주어진 상황에 맞게 역할극을 연습해 보세요.

🎧 14-7

상황

당신은 백화점에 가는 길을, 알고 싶어 합니다. 버스를 타고 이동할 시 환승이 필요한 지 묻습니다.

✏ **Chce się pan dowiedzieć, jak dojechać do centrum handlowego. Pyta się pan, czy jadąc autobusem trzeba się przesiadać.**

Ja Przepraszam, jak dojechać do centrum handlowego?

실례합니다, 백화점에 어떻게 가나요?

✏ 시험관 To jest bardzo daleko. Chce pan jechać autobusem czy tramwajem?

여기에서는 아주 멉니다. 버스 아니면 트램 중에서 어느 교통수단으로 이동하고 싶으신가요?

Ja Wolę jechać tramwajem. 저는 트램을 타고 가고 싶습니다.

✏ 시험관 Jeśli pan jedzie tramwajem, trzeba przesiąść się dwa razy. Najpierw proszę jechać 5 (pięć) przystanków i wysiąść na przystanku ‚Poczta Polska', a potem proszę przesiąść się do tramwaju numer 5 w kierunku starego rynku. Na starym rynku proszę wsiąść w jakikolwiek tramwaj.

트램을 타고 가고 싶으면 2번 환승을 해야 합니다. 먼저 5정거장 이후에 '폴란드 우체국' 정류장에 내린 후, 구시가지 방향으로 가는 5번 트램으로 환승해야 합니다. 구시가지에 내리면 아무 트램이나 타고 이동하시면 됩니다.

Ja To jest za skomplikowane dla mnie. Czy jadąc autobusem trzeba się przesiadać? 저한테는 너무 복잡하네요. 버스를 타고 가도 환승을 해야 하나요?

✏ 시험관 Nie, nie trzeba się przesiadać. Może pan jechać autobusem numer 2. Dojedzie pan bezpośrednio do centrum handlowego. Centrum handlowe jest obok przystanku.

아니요, 환승할 필요가 없습니다. 2번 버스를 타시면 됩니다. 그럼 곧바로 백화점에 도착하실 수 있습니다. 백화점은 버스 정류장 옆에 있습니다.

Ja Dziękuję za informację. 안내해 주셔서 감사합니다.

상상해 보세요! 나에게 맞는 상상속의 스토리를 만들어 보세요.

Ja Przepraszam, jak dojechać do _____(찾는 곳)_____?

실례합니다. ___(찾는 곳)___ 에 어떻게 가나요?

✎ 시험관 To jest bardzo daleko. Chce pan jechać autobusem czy tramwajem?

여기에서는 아주 멉니다. 버스 아니면 트램 중에서 어느 교통수단으로 이동하고 싶으신가요?

Ja Wolę jechać ___(교통수단)___. 저는 ___(교통수단)___ 가고 싶습니다.

✎ 시험관 Jeśli pan jedzie ___(교통수단)___, trzeba przesiąść się dwa razy. Najpierw proszę jechać ___(정거장 수)___ i wysiąść na przystanku ,Poczta Polska', a potem proszę przesiąść się do ___(교통수단)___ numer 5 w kierunku starego rynku. Na starym rynku proszę wsiąść w jakikolwiek ___(교통수단)___.

___(교통수단)___ 가고 싶으면 2번 환승을 해야 합니다. 먼저 ___(정거장 수)___ 이후에 '폴란드 우체국' 정류장에 내린 후, 구시가지 방향으로 가는 5번 ___(교통수단)___ 으로 환승해야 합니다. 구시가지에 내리면 아무 ___(교통수단)___ 이동하시면 됩니다.

Ja To jest za skomplikowane dla mnie. Czy jadąc ___(교통수단)___ trzeba się przesiadać? 저한테는 너무 복잡하네요. ___(교통수단)___ 가도 환승을 해야 하나요?

✎ 시험관 Nie, nie trzeba się przesiadać. Może pan jechać ___(교통수단)___ numer 2. Dojedzie pan bezpośrednio do ___(찾는 곳)___. ___(찾는 곳)___ jest ___(위치)___.

아니요, 환승할 필요가 없습니다. 2번 ___(교통수단)___ 됩니다. 그럼 곧바로 ___(찾는 곳)___ 에 도착하실 수 있습니다. ___(찾는 곳)___ 은 ___(위치)___ 에 있습니다.

Ja Dziękuję za informację. 안내해 주셔서 감사합니다.

단어

- przesiadać się (불완료) 환승하다
  = przesiąść się (완료)
- przystanek 정류장
- wysiąść 내리다
- w kierunku 방향으로
- za 너무 (부정적 의미)
- skomplikowany 복잡한
- jadąc 가는 것 (동명사)

꿀팁! 부록

OPI Tip!

1. 자기소개 부분에서 다양한 화제로 답변하여 시험관이 관련 질문들을 많이 질문할 수 있게 하며, 예상 질문들을 미리 정리해서 연습합니다. 빈출도 높은 예상 질문(자기소개, 취미, 업무 소개 등)을 기반으로 스스로 예상 질문을 만들어가며 공부하는 것이 좋습니다.

2. 예상 질문 및 다양한 질문을 미리 생각해보고 이런 질문이 나오면 답변을 어떻게 만들어가겠다라는 구조가 잡혀야 합니다. 질문을 듣자마자 적어도 2~3가지 키워드를 바로 떠올리는 연습이 필요합니다.

3. 자신이 준비한 부분, 알고 있는 부분에 대해서는 스토리텔링 및 디테일한 묘사를 연습합니다. 주제와 관련된 배경, 경험, 생각, 현재, 장·단점 등과 연계해서 다른 토픽에서 사용했던 스크립트를 관련지어 말하는 연습이 필요합니다. (예 취미-운동-경험)

4. 추가 전략

① 시간 할애 전략 : 어렵고 생소한 주제에 대한 언급을 피하기 위해서는 앞부분(자기소개, 취미, 언어 배우는 목적 등 기존에 배웠던 내용)에서 시험관과 다양한 이야기를 나누면서 시간을 많이 할애하여 돌발 주제로 넘어가지 않도록 대화권을 주도하는 것이 좋습니다.

② 시험관에게 질문 던지기 : 1:1 대화를 기반으로 한 평가이기 때문에 시험관이 일방적으로 질문하고 답변하는 것보다 상황에 따라서 적절히 시험관에게도 질문을 함으로써 자연스럽게 대화를 이끌어 나가는 능력을 보여주는 것이 좋습니다.
(* 기본 질문 유형을 익혀서 시험관에게 역으로 질문할 수 있어야 합니다.)

다양한 **질문 유형**
한눈에 보기

평가문항 표에 맞춰 정리한 질문 유형입니다. 「도입-수준 체크-
역할극-탐색」에 맞춰있으며, 이하의 질문이 나왔을 때 1개 이상
의 예상 답변을 준비하여 당황하는 일이 없도록 준비해 보세요.

도입 1

1. **Proszę powiedzieć jak pan ma na imię.**

   당신의 이름을 말해보세요.

2. **Jakie jest pana nazwisko?**

   당신의 성은 무엇인가요?

3. **Jak pisze się pana imię? / Czy może pan przeliterować swoje imię?**

   당신 이름은 어떻게 쓰나요? / 당신 이름의 철자는 무엇인가요?

4. **Zjadł pan śniadanie?**

   아침 식사는 하셨나요?

5. **Gdzie zjadł pan śniadanie?**

   식사는 어디서 하셨나요?

6. **Co zjadł pan na śniadanie?**

   아침 식사로 무엇을 먹었나요?

7. **Proszę powiedzieć, która jest teraz godzina.**

   지금 시간을 말해보세요.

8. **Która jest teraz godzina w Korei?**

   지금 한국의 시간은 몇 시인가요?

9. **Gdzie jest pana miasto rodzinne?**

   당신의 고향은 어디인가요?

10. **Proszę mi opowiedzieć o okolicy swojego domu.**

    당신이 자란 동네에 대해서 말해 주세요.

11. **W jakiej okolicy pan mieszka? / Jaka jest okolica pana domu?**

    당신은 어떤 지역에서 살고 있나요? / 당신의 집 주변은 어떤가요?

12. Proszę mi opowiedzieć jaka jest okolica pana domu.

당신이 사는 동네에 대해 말해 주세요.

13. Jaka jest dzisiaj pogoda?

오늘의 날씨는 어떤가요?

14. Jaka jest dzisiaj pogoda w Korei?

오늘 한국 날씨는 어떤가요?

15. Mieszka pan w apartamencie czy w domu?

당신은 아파트에서 살고 있나요 아니면 주택에 살고 있나요?

16. Jak okolica pana domu różni się od miejsca, gdzie mieszkał pan dawniej?

당신의 집 주변은 예전에 살던 장소와 어떻게 다른가요?

17. Jakie jest pana hobby?

당신의 취미는 무엇인가요?

18. Co robi pan w wolnym czasie?

당신은 여유시간에 무엇을 하나요?

19. Dlaczego wybrał pan takie hobby?

취미를 갖게 된 이유가 무엇인가요?

20. Jak zaczął pan to hobby?

어떻게 그 취미를 시작하게 되었나요?

21. Jakiego nowego hobby chciałby pan spróbować?

어떤 새로운 취미를 해보고 싶나요?

22. Z kim zazwyczaj uprawia pan to hobby?

보통 누구와 함께 그 취미를 하나요?

23. Gdzie pan teraz jest?

지금 당신은 어디에 있나요?

24. W jakim miejscu pan się teraz znajduje?

지금 당신이 있는 곳은 어디인가요?

도입 2

1. Ile ma pan lat?

당신의 나이는 어떻게 되나요?

2. W którym roku pan się urodził?

당신이 태어난 해는 언제인가요?

3. Jak się pan dzisiaj czuje?

오늘 컨디션은 어떤가요?

4. Jak się pan czuje przed egzaminem?

시험 보기 전 기분은 어떤가요?

5. Jaki jest dzisiaj dzień tygodnia?

오늘은 무슨 요일인가요?

6. Urodził się pan w Seulu?

서울에서 태어났나요?

7. Jak nazywa się pana rodzinna miejscowość?

고향 지명은 무엇인가요?

8. Mieszka pan w apartamencie?

아파트에서 살고 있나요?

9. Proszę opowiedzieć jaki jest pana dom.

   당신의 집에 대하여 설명해주세요.

10. Jaką lubi pan pogodę?

    당신이 좋아하는 날씨는 무엇인가요?

11. Jakiej pogody pan nie lubi?

    당신이 싫어하는 날씨는 무엇인가요?

12. Jakie jest pana ulubione miejsce w okolicy?

    동네에서 제일 좋아하는 장소는 어디인가요?

13. Co jest w okolicy pana domu?

    집 주변에는 무엇이 있나요?

14. Co ma pan w domu?

    집 안에는 무엇이 있나요?

15. Jak często uprawia pan swoje hobby?

    얼마나 자주 취미생활을 하나요?

16. Lubi pan sport/filmy/spacery?

    운동/영화보기/산책하기를 좋아하나요?

17. W przeszłości jakie hobby pan uprawiał?

    과거에 가졌던 취미는 무엇인가요?

18. Dlaczego lubi pan to hobby?

    당신은 왜 이 취미를 좋아하나요?

19. Czy ma pan jakieś specjalne wspomnienie odnośnie swojego hobby?

    취미와 관련된 특별한 추억이 있나요?

20. Dlaczego przyszedł pan tutaj?

지금 있는 곳에 왜 왔나요?

21. Mieszka pan razem z rodziną?

가족들과 함께 살고 있나요?

22. Mieszka pan sam?

혼자 살고 있나요?

23. Proszę opowiedzieć jaki jest pana pokój.

당신의 방이 어떤지 묘사해 주세요.

24. Proszę opowiedzieć o strukturze pana domu.

집 구조에 대하여 말해 주세요.

25. Jakie jest pana ulubione miejsce w domu?

집에서 당신이 제일 좋아하는 장소는 어디인가요?

도입 3

1. Jaka jest pora roku w Korei?

지금 한국의 계절은 무엇인가요?

2. Jaką lubi pan porę roku?

당신이 좋아하는 계절은 무엇인가요?

3. Od kiedy zaczął pan to hobby?

언제부터 그 취미를 갖기 시작했나요?

4. Co robi pan po pracy?

퇴근 후 무엇을 하나요?

5. Dlaczego lubi pan swoje hobby?

   왜 그 취미를 좋아하나요?

6. Lubi pan czytać książki?

   책 읽는 것을 좋아하나요?

7. Czy ma pan hobby, które uprawia pan razem z kolegami z firmy?

   회사 동료들과 함께 즐기는 취미가 있나요?

8. Ma pan hobby, które uprawia pan razem ze znajomymi?

   지인들과 함께 즐기는 취미가 있나요?

9. Co jest w pana okolicy?

   당신 주변에는 무엇이 있나요?

10. Proszę opowiedzieć o pana okolicy. / Proszę opowiedzieć gdzie pan teraz jest.

    당신의 동네에 대해서 설명해 주세요. / 당신은 지금 어디에 있는지 말해 주세요.

1. **Czym zajmuje się pan w firmie?**

   회사에서 무슨 일을 하나요?

2. **Na czym polega pana praca? / Czym się pan zajmuje?**

   당신이 담당하는 업무는 무엇인가요?

3. **Proszę opowiedzieć o swojej firmie.**

   당신의 회사에 대하여 말해 주세요.

4. **W jakiej firmie pan pracuje?**

   당신은 어떤 회사에서 일하나요?

5. **Co przygotowuje pan idąc do pracy?**

   회사에 갈 때 준비해야 되는 것이 있나요?

6. **Co przeważnie robi pan w pracy do południa?**

   회사에서 오전까지 주로 하는 일은 무엇인가요?

7. **Co robi pan rano w pracy?**

   당신은 오전에 회사에서 무엇을 하나요?

8. **Dlaczego uczy się pan języka polskiego?**

   폴란드어를 왜 배우나요?

9. **Kiedy zaczął pan uczyć się języka polskiego?**

   폴란드어는 언제부터 배우기 시작했나요?

10. **Był pan już w Polsce?**

    폴란드에 가본 적이 있나요?

11. **Był pan już w Krakowie?**

    크라쿠프에 가본 적이 있나요?

12. Kiedy pojechał pan do Polski?

언제 폴란드에 갔었나요?

13. Smakowało panu lokalne jedzenie? / Smakowało panu polskie jedzenie?

현지 음식이 입맛에 맞았나요? / 폴란드 음식이 입맛에 맞았나요?

14. Czy smakowało panu lokalne jedzenie? / Czy smakowało panu jedzenie w Polsce?

현지 음식이 입에 잘 맞았나요? / 폴란드에서 음식이 입맛에 맞았나요?

15. Czym polskie jedzenie różni się od koreańskiego?

어떤 점이 한국 음식과 폴란드 음식이 다른가요?

16. Jakie jest pana zdaniem lokalne jedzenie? / Jakie jest pana zdaniem polskie jedzenie?

현지 요리의 특징은 무엇이라고 생각하나요? / 폴란드 음식의 특징은 무엇이라고 생각하나요?

17. Ile lat pracuje pan w firmie?

회사에서 몇 년째 일을 하고 있나요?

18. Kiedy zaczął pan pracować w tej firmie?

언제부터 그 회사에서 일하기 시작했나요?

19. Od ilu lat pracuje pan w firmie?

회사에서 몇 년째 일하고 있나요?

20. Od jakiego czasu pracuje pan w tej firmie?

언제부터 그 회사에서 일하고 있나요?

21. Dzieli pan biuro z kolegami?

당신은 사무실을 동료들과 함께 쓰고 있나요?

22. Na którym piętrze jest pana biuro?

당신의 사무실은 몇 층에 있나요?

23. O której godzinie zaczyna pan pracę w firmie?

당신은 몇 시에 회사 업무가 시작되나요?

24. Kiedy zaczyna pan pracę?

언제 당신은 업무를 시작하나요?

25. Z kim przeważnie je pan kolację?

저녁 식사는 주로 누구랑 함께 하나요?

26. Gdzie uczy się pan języka polskiego?

폴란드어를 어디에서 배우나요?

27. Uczy się pan języka polskiego ze względu na pracę w Polsce?

폴란드에서 일하기 위해 폴란드어를 배우나요?

28. Uczy się pan języka polskiego ze względu na podróż do Polski?

폴란드 여행을 위해 폴란드어를 배우나요?

29. Z kim pojechał pan do Polski?

누구와 함께 폴란드에 갔었나요?

30. Gdzie pan nocował?

어디에서 숙박을 했나요?

31. Które miejsce pamięta pan najbardziej?

가장 기억에 남는 장소는 어디인가요?

32. Jaki jest pana ulubiony program telewizyjny?

당신이 가장 즐겨 보는 텔레비전 프로그램은 무엇인가요?

33. Z kim ogląda pan razem telewizję?

누구와 텔레비전을 함께 보나요?

34. Co zrobiło na panu największe wrażenie podczas pobytu w Polsce?

폴란드를 여행하는 동안 가장 인상 깊었던 점은 무엇이었나요?

35. Dlaczego ten kraj jest najciekawszym miejscem na podróż?

여행하기에 해당 국가가 가장 흥미로운 장소라고 생각하는 이유는 무엇인가요?

36. Lubi pan K-Pop?

K-Pop을 좋아하나요?

37. Często słucha pan K-Pop?

K-Pop을 자주 듣나요?

38. Które miejsce jest najpopularniejszą atrakcją turystyczną w Korei?

한국에서 가장 인기 있는 관광지는 어디라고 생각하나요?

1. Dzwoni pan do restauracji żeby zrobić rezerwację. Chce pan zarezerwować stolik dla pięciu (5) osób na godzinę 12, ale nie ma już wolnych miejsc. Proszę spróbować zarezerwować stolik na inną godzinę.

   당신은 식당을 예약하기 위해 전화를 합니다. 5명 자리를 12시에 예약하기를 원하지만, 여유 좌석이 없습니다. 다른 시간에 예약 가능한 좌석이 있는지 시도해 보세요.

2. Dzwoni pan do restauracji żeby zrobić rezerwację. Chce pan zarezerwować stolik na godzinę 18. Proszę dokonać rezerwacji.

   당신은 식당을 예약하기 위해 전화를 합니다. 18시에 예약을 잡으려고 합니다. 예약을 진행해 보세요.

3. Odwiedza pan sklep z ubraniami, żeby kupić ubranie dla dziecka. Proszę sprawdzić, czy w sklepie jest ubranie w rozmiarze swojego dziecka i kupić to ubranie.

   당신은 아이를 위해 옷을 사려고 옷 가게에 방문했습니다. 아이에게 맞는 사이즈가 있는지 확인하고 구입해 보세요.

4. Odwiedza pan sklep, żeby kupić ubranie dla dziecka. Znalazł pan ładne ubranie, ale nie podoba się panu kolor. Proszę zapytać, czy jest dostępne ubranie w kolorze niebieskim.

   당신은 아이 옷을 사기 위해 가게에 방문합니다. 마음에 드는 디자인을 찾았지만, 옷의 색이 마음에 들지 않습니다. 파란색 옷이 있는지 확인해 보세요.

5. Zamawia pan jedzenie w hotelu. Proszę zapytać, czy jest jakaś specjalna potrawa dnia i dokonać zamówienia.

   당신은 호텔에서 식사를 주문하려고 합니다. 어떤 특별한 요리가 있는 지 물어보고 주문해 보세요.

6. Chce pan zarezerwować hotel przez telefon. Proszę zapytać ile kosztuje nocleg i czy można płacić kartą kredytową.

   당신은 전화상으로 호텔을 예약하려고 합니다. 숙박 비용을 물어보고 신용카드로 결제가 가능한 지 질문해 보세요.

7. Chce pan zamówić jedzenie do pokoju w hotelu. Proszę zapytać o dostępne dania i powiedzieć, dla ilu osób, o której godzinie chce pan złożyć zamówienie.

   당신은 호텔 방에서 음식을 주문하고자 합니다. 룸서비스가 가능한지 물어보고, 몇 인분, 몇 시에 음식을 주문하고 싶은지 말해보세요.

8. Chce pan otworzyć konto w banku. Proszę zapytać o warunki umowy.

   당신은 은행 계좌를 개설하고자 합니다. 계약 조건에 대하여 질문해 보세요.

9. Chce pan wynająć samochód w wypożyczalni. Proszę zapytać o rodzaje samochodów, czas umowy i o inne warunki. Ponieważ dany samochód jest za drogi, proszę zapytać, czy jest dostępny tańszy samochód.

   당신은 렌터카 예약을 하려고 합니다. 차종, 계약 기간 및 기타 조건에 대하여 질문해 보세요. 원하는 차는 가격이 비싸기 때문에, 조금 더 저렴한 차가 있는지 질문해 보세요.

10. Jest pan menedżerem w firmie. Pracownicy spóźniają się do pracy, dlatego proponuje pan na zebraniu kupienie autobusu dla pracowników.

    당신은 회사의 매니저입니다. 직원들의 지각이 많아 당신은 회의에서 직원용 버스를 구입하자는 의견을 제시합니다.

11. Chce pan zarezerwować nocleg w hotelu przez telefon. Proszę zapytać jak dojechać z lotniska do hotelu.

    당신은 전화상으로 호텔에서의 숙박을 예약하려고 합니다. 공항에서 호텔까지 어떻게 가는 지 질문해 보세요.

1. Jaki jest ostatnio największy problem w pana kraju? / Co jest ostatnio największym problemem w pana kraju?

   최근 당신 나라에서 가장 이슈화되는 내용은 무엇인가요?

2. Obecnie można uczyć się języka obcego przez internet. Czy myśli pan, że nauka języka za granicą jest niezbędna? Proszę swobodnie przedstawić swoją opinię.

   요즘은 인터넷을 통해서도 외국어를 배울 수 있습니다. 해외 유학이 꼭 필요하다고 생각하나요? 자신의 의견을 자유롭게 이야기해 주세요.

3. W dzisiejszych dniach bezrobocie stanowi duży problem. Coraz więcej jest młodych przestępców. Proszę przedstawić swoją opinię na temat bezrobocia oraz przestępczości.

   오늘날 젊은 청년들의 실업이 큰 문제입니다. 젊은 범죄자들이 많아지고 있습니다. 청년실업과 범죄와의 관계에 대하여 설명해 보세요.

4. Co myśli pan o dzieciach, które zamiast uczyć się grają w gry?

   공부하지 않고 게임만 하는 아이들에 대해 어떻게 생각하나요?

5. Co myśli pan na temat prezydenta swojego kraju?

   당신 나라의 대통령에 대해 어떻게 생각하나요?

6. Jak ocenia pan prezydenta swojego kraju i jego politykę?

   당신 나라의 대통령과 그의 정책에 대해 어떻게 평가하나요?

7. Proszę opowiedzieć mi o Seulu.

   서울에 대해 말해 주세요.

8. Proszę polecić mi najciekawsze miejsce w Seulu.

   서울에서 가장 재미있는 장소를 추천해 주세요.

9. Jaka jest najlepsza pora roku żeby odwiedzić Koreę?

   한국에 방문하기 좋은 계절은 언제인가요?

10. Jaką porę roku poleca pan na wycieczkę do Korei?

당신이 추천해 주고 싶은 한국에서 여행하기 좋은 계절은 언제인가요?

11. Zanieczyszczenie środowiska stanowi duży problem. Proszę przedstawić swoją opinię na ten temat.

환경 오염이 큰 문제입니다. 이에 대한 당신의 의견을 제시해 주세요.

12. Myśli pan, że rozwój nauki i technologii zmienił komunikację między ludźmi? Jak komunikacja zmieniła się w porównaniu z przeszłością?

과학과 기술의 발전이 사람들 간의 소통 방식을 바꿔 놓았다고 생각하나요? 과거와 비교할 때 어떻게 소통 방식이 바뀌었나요?

13. Jakie starania podejmuje się w pana kraju, aby uniknąć zanieczyszczenia środowiska?

환경오염을 피하기 위해서, 당신의 나라에서는 어떠한 노력을 하고 있나요?

14. Jaki jest pana zdaniem najlepszy wynalazek 21 wieku? Dlaczego?

21세기 최고의 발명품은 무엇이라고 생각하나요? 이유는?

15. Proszę opowiedzieć o bibliotece, która jest najbliżej pana domu.

집에서 가장 가까운 도서관에 대하여 묘사해 보세요.

16. Jakie jest pana ulubione miejsce w Seulu?

서울에서 당신이 가장 좋아하는 장소는 어디인가요?

17. Jakie są atrakcje turystyczne w Seulu? Jakie miejsca turyści z zagranicy lubią najbardziej?

서울에는 어떤 매력적인 관광지가 있나요? 해외여행자들이 즐겨 찾는 관광지는 주로 어디인가요?

🐦 출제 빈도 높은 패턴형 질문 유형

1. Proszę mi powiedzieć o ~.

   ~에 대해서 이야기해 주세요.

2. A co pan wie o ~?

   ~에 대하여 무엇을 알고 있나요?

3. Wie pan coś jeszcze o ~?

   ~에 대해서 더 아는 바가 있나요?

4. A co pan mi powie o ~?

   ~에 대해서 무엇을 말해줄 수 있나요?

5. A co słyszał pan o ~?

   ~에 대해서 무엇을 들었나요?

6. Czy chce pan coś dodać?

   좀 더 추가하고 싶은 것이 있나요?

7. Proszę powiedzieć bardziej szczegółowo.

   좀 더 구체적으로 말해 주세요.

8. Czy może pan powiedzieć coś interesującego/ciekawego/nowego o ~.

   좀 더 흥미로운/재미있는/새로운 것을 더 이야기해 주세요.

9. W takim razie proszę mi powiedzieć o ~.

   그래서 ~에 대해서 이야기해 주세요.

같은 **질문**, 다른 **표현**

같은 문제라도 시험관에 따라서 다양한 질문 형태로 물어볼 수 있으므로, 한 가지 주제로 나올 수 있는 다양한 질문 유형을 정리해 놓았습니다. 쉬운 질문이라도 시험 중에는 긴장상태이므로, 말문이 막히는 경우가 많습니다. 당황하지 않도록 다양한 질문 유형을 반복해서 익히고 그에 따른 예상 답변을 미리 준비해 보세요.

위기 상황 대처 표현 10

1. **Proszę powiedzieć jeszcze raz.**

   다시 한번 말씀해 주세요.

2. **Nie słyszałem co pan mówił, proszę powtórzyć.**

   당신이 말하는 것을 잘 못 들었습니다, 다시 한번 말씀해 주세요.

3. **Czy może pan powtórzyć?**

   다시 한번 반복해 주실 수 있나요?

4. **Słyszę niewyraźnie. Proszę mówić jeszcze głośniej.**

   분명하게 들리지 않았습니다. 좀 더 크게 말씀해 주세요.

5. **Proszę chwilę poczekać.**

   잠시만 기다려 주세요.

6. **Proszę dać mi chwilę, muszę pomyśleć.**

   생각할 시간을 조금 주세요.

7. **Czy mogę prosić o czas, żeby się zastanowić?**

   생각할 시간을 저에게 조금 주실 수 있나요?

8. **Przepraszam, nie zrozumiałam.**

   죄송합니다만, 이해하지 못했습니다.

9. **Przepraszam, nie pamiętam pytania.**

   죄송합니다만, 문제를 다 기억하지 못합니다.

10. **Nie zastanawiałem się nad tym.**

    한 번도 그것을 생각해보지 않았습니다.

1. Czy polskie imię wybrał pan sam?

   스스로 폴란드 이름을 선택했나요?

   = Czy sam wybrał pan sobie polskie imię?

   스스로 폴란드 이름을 선택했나요?

   = Kto wybrał panu polskie imię?

   누가 당신의 폴란드 이름을 선택해 주었나요?

2. Skąd pan jest? Czy lubi pan tam mieszkać? Dlaczego?

   당신은 어디 출신인가요? 당신은 그곳에 사는 것을 좋아하나요? 이유는?

   = Gdzie pan mieszkał wcześniej?

   그전에는 어디에서 살았나요?

   = Gdzie pan mieszkał, zanim przyjechał pan do Polski?

   당신은 폴란드에 오기 전에 어디에서 살았나요?

   = Dlaczego lubi pan tam mieszkać?

   왜 그곳에 사는 것을 좋아하나요?

   = Czy tam jest lepiej niż w Polsce?

   폴란드보다 그곳에 사는 것이 더 좋은가요?

3. Na którym piętrze pan mieszka?

   당신은 몇 층에 살고 있나요?

   = Na którym piętrze jest pana mieszkanie?

   당신의 집은 몇 층에 있나요?

4. Proszę opisać swoje mieszkanie.

자신의 집에 대해서 묘사해 주세요.

= Proszę mi powiedzieć jak wygląda pana mieszkanie.

당신의 집이 어떻게 생겼는지 말해 주세요.

= Czy ma pan coś specjalnego w domu?

집에 특별한 것이 있나요?

= Czy ma pan coś ważnego dla pana w domu?

집에 있는 것 중에 당신에게 중요한 무엇인가가 있나요?

= Proszę mi opowiedzieć o swoim mieszkaniu.

자신의 집에 대해서 묘사해 주세요.

5. Gdzie je pan śniadanie?

당신은 어디에서 아침 식사를 하나요?

= Gdzie zwykle je pan śniadanie?

보통 아침 식사는 어디에서 하나요?

= Gdzie zwykle jada pan śniadanie?

보통 아침 식사는 어디에서 하는 편인가요?

6. Co ciekawego można robić obok pana domu?

당신의 집 주변에서 할 수 있는 흥미로운 활동은 무엇인가요?

= Co można robić blisko pana domu?

당신의 집 근처에서 무엇을 할 수 있나요?

= Czy niedaleko pana domu są interesujące miejsca?

당신의 집 주변에 흥미로운 장소가 있나요?

= Czy można robić coś ciekawego blisko pana domu?

당신의 집 주변에 흥미로운 무엇인가를 할 수 있는 곳이 있나요?

7. Jeśli mógłby pan mieszkać w innym miejscu, to gdzie chciałby pan mieszkać?

당신이 다른 지역에서 살 수 있다면, 어디에서 살고 싶나요?

= Gdzie chciałby pan mieszkać?

당신은 어디에서 살고 싶나요?

= W jakim innym miejscu chciałby pan mieszkać?

어떤 다른 지역에서 살고 싶나요?

= Czy jest jakieś miejsce, gdzie chciałby pan mieszkać?

당신이 살고 싶은 어떤 곳이 있나요?

= Czy ma pan jakieś wymarzone miejsce do życia?

당신이 인생에서 꿈꿔 온 장소는 어떤 것인가요?

8. Gdzie i co pan studiował?

당신은 어디에서 무엇을 전공했나요?

= Jaki kierunek studiów pan skończył?

당신은 어떤 전공을 마쳤나요?

= Gdzie pan skończył studia?

당신은 어디에서 졸업했나요?

9. Dlaczego wybrał pan ten kierunek?

당신은 왜 이 전공을 선택하게 되었나요?

= Dlaczego wybrał pan te studia?

이 전공을 왜 선택하게 되었나요?

= Dlaczego wybrał pan ekonomię?

당신은 왜 경제학을 선택했나요?

= Dlaczego poszedł pan na ekonomię?

당신은 왜 경제학도가 되었나요?

10. Czy to popularny kierunek studiów w Korei?

한국에서는 그 전공이 인기가 있나요?

= Czy ekonomia jest popularna w Korei?

경제학은 한국에서 인기가 있나요?

= Czy to popularne studia?

인기 있는 전공인가요?

11. Czy pracował pan podczas studiów?

학업과 병행해서 일을 했나요?

= Czy dorabiał pan sobie podczas studiów?

학업과 병행해서 돈을 벌었나요?

= Czy pracował pan gdzieś podczas studiów?

학업과 병행해서 어디에서 일을 했나요?

= Czy czy dorabiał pan gdzieś w czasie studiów?

학업 중에 어디에서 돈을 벌었나요?

= Czy pracował gdzieś pan w czasie studiów?

학업 중에 어디에서 일을 했나요?

12. Jaka jest dzisiaj pogoda?

오늘 날씨는 어떤가요?

= Jaką pogodę mamy dzisiaj?

오늘은 날씨가 어떤가요?

13. Czy w Korei pada śnieg?

한국에는 눈이 내리나요?

= Czy w Korei jest ciężka zima?

한국의 겨울은 힘드나요?

= Czy w Korei często jest zimno?

한국은 자주 춥나요?

= Jaka jest zima w Korei?

한국의 겨울 모습은 어떤가요?

14. Jaką pogodę lubi pan najbardziej? Co pan wtedy lubi robić?

당신은 어떤 날씨를 가장 좋아하나요? 그때 당신은 무엇을 하는 것을 좋아하나요?

= Jaka jest pana ulubiona pogoda?

당신이 가장 좋아하는 날씨는 어떤가요?

= Jak jest pana ulubiona pora roku?

당신이 가장 좋아하는 계절은 무엇인가요?

= Co pan lubi robić w ładną pogodę?

날씨가 좋으면 당신은 무엇을 하는 것을 좋아하나요?

= Jak spędza pan czas w ładną pogodę?

날씨가 좋으면 어떻게 시간을 보내나요?

15. Czy lubi pan oglądać telewizję? Jakie programy telewizyjne pan lubi?

당신은 텔레비전 보는 것을 좋아하나요? 어떤 TV 프로그램을 좋아하나요?

= Lubi pan programy telewizyjne?

당신은 TV 프로그램을 좋아하나요?

= Jakie programy pan lubi?

어떤 프로그램을 좋아하나요?

= Często ogląda pan telewizję?

당신은 TV 시청을 자주 하나요?

16. Jakie programy telewizyjne Koreańczycy lubią oglądać najbardziej?

한국 사람들이 가장 즐겨 보는 TV 프로그램은 어떤 것인가요?

= Jakie programy są popularne w Korei?

한국에서는 어떤 프로가 인기가 있나요?

= Co zwykle oglądają w telewizji Koreańczycy?

한국 사람들은 보통 TV에서 무엇을 시청하나요?

17. Co robi pan w wolnym czasie?

당신은 여가시간에 무엇을 하나요?

= Jakie jest pana hobby?

당신의 취미는 무엇인가요?

= Jak pan spędza czas wolny?

당신은 여가시간을 어떻게 보내나요?

18. Czy jest jakieś hobby, które chciałby pan spróbować?

당신이 시도하고 싶은 취미생활은 무엇인가요?

= Jakie jest pana wymarzone hobby?

당신이 꿈꿔온 취미생활은 무엇인가요?

= Jak pan lubi spędzać czas?

당신은 시간을 어떻게 보내는 것을 좋아하나요?

= Jak chciałby pan spędzać czas?

당신은 시간을 어떻게 보내고 싶은가요?

19. Czy lubi pan sport?

당신은 운동을 좋아하나요?

= Jaki jest pana ulubiony sport?

당신이 가장 좋아하는 운동은 무엇인가요?

20. Dlaczego sport jest ważny?

운동은 왜 중요한가요?

= Czy sport jest ważny dla zdrowia?

건강 측면에서 운동은 중요한가요?

21. Jaki jest najpopularniejszy sport w Korei?

한국에서 가장 인기 있는 운동은 무엇인가요?

= Jakie są popularne dyscypliny sportowe w Korei?

한국에서 인기 있는 스포츠는 무엇인가요?

= Jakie są popularne sporty w Korei?

한국에서는 어떤 운동이 인기 있나요?

= Jakie dyscypliny sportu uprawiają Koreańczycy?

한국 사람들은 어떤 스포츠를 즐겨 하나요?

22. Jakie jedzenie lubi pan najbardziej?

당신은 어떤 음식을 가장 좋아하나요?

= Jakie jest pana ulubione danie?

당신이 가장 좋아하는 음식은 무엇인가요?

= Co często pan je?

무엇을 자주 먹나요?

= Co lubi pan jeść?

당신은 무엇을 먹는 것을 좋아하나요?

= Co lubi jeść pana rodzina?

당신의 가족은 무엇을 먹는 것을 좋아하나요?

= Jakie są najpopularniejsze dania w Korei?

한국에서 가장 인기 있는 음식은 무엇인가요?

= Co jest pana ulubioną potrawą?

당신이 가장 좋아하는 음식은 무엇인가요?

23. Czy w Korei są polskie restauracje?

한국에는 폴란드 식당이 있나요?

= Jakie w Korei są restauracje?

한국에는 어떤 식당이 있나요?

= Jakie restauracje są popularne w Korei?

한국에는 어떤 식당이 인기가 있나요?

24. Czy lubi pan podróżować? Proszę opisać pana ulubioną podróż.

당신은 여행하는 것을 좋아하나요? 당신이 좋아하는 여행에 대하여 묘사해 보세요.

= Ma pan plan na wymarzoną podróż?

당신이 꿈꿔온 여행 계획이 있나요?

= Czy ma pan jakieś marzenie związane z podróżą?

여행과 관련하여 어떤 꿈을 갖고 있나요?

25. Czy był pan kiedyś za granicą?

당신은 해외를 다녀온 적이 있나요?

= Czy był pan kiedyś w innym kraju?

당신은 다른 나라에 가본 적이 있나요?

= Czy spędzał pan wakacje za granicą?

당신은 해외에서 휴가를 보냈나요?

= Jaka była pana pierwsza podróż zagraniczna?

첫 해외여행은 어땠나요?

26. Które miejsce podobało się panu najbardziej? Dlaczego?

가장 마음에 들었던 장소는 어디였나요? 이유는?

= Jakie jest pana ulubione miejsce na wakacjach?

휴가 시 즐겨가는 곳은 어떤가요?

= Co się panu szczególnie podobało na wakacjach?

휴가 때 특별히 마음에 들었던 것은 무엇인가요?

27. Gdzie chciałby pan pojechać? Dlaczego?

당신은 어디로 가고 싶나요? 이유는?

= Gdzie chciałby pan pojechać na wakacje?

휴가 때 가고 싶은 곳은 어디인가요?

28. Jak zwykle Koreańczycy spędzają wolny czas?

한국 사람들은 보통 여가시간을 어떻게 보내나요?

= Jak zazwyczaj Koreańczycy spędzają czas wolny?

보통 한국 사람들은 여가시간을 어떻게 보내나요?

29. Czy myśli pan, że brak wolnego czasu jest niedobry dla zdrowia?

여가시간이 없다면, 건강에 좋지 않다고 생각하나요?

= Czy brak hobby/czasu wolnego jest zły dla zdrowia?

취미/여가시간이 없다면 건강에 나쁘나요?

30. Czy robił pan ostatnio coś ciekawego?

최근에 무슨 재미있는 일을 했나요?

= Czy robił pan ostatnio coś specjalnego?

최근에 특별하게 한 것이 있나요?

31. Co zwykle nosi pan do pracy? Jakie ubrania lubi pan nosić?

당신은 출근할 때 보통 무슨 옷을 입나요? 어떤 옷을 입고 가는 것을 좋아하나요?

= Jakie ubrania nosi pan do pracy?

출근할 때 무슨 옷을 입나요?

= Jakei ubrania nosi pan na wakacjach?

휴가 때 무슨 옷을 입나요?

= Jakie ubrania pan lubi?

어떤 옷을 좋아하나요?

= Jakie ma pan ulubione ubrania?

어떤 옷을 가장 좋아하나요?

32. Jakie ubrania lubią nosić Koreańczycy?

한국 사람들은 어떤 옷을 입는 것을 좋아하나요?

= Jakie ubrania generalnie noszą Koreańczycy?

일반적으로 한국 사람들은 어떤 옷을 입나요?

33. Czy lubi pan chodzić na zakupy? Gdzie zwykle robi pan zakupy? Czy to jest popularne miejsce na zakupy?

당신은 쇼핑하는 것을 좋아하나요? 보통 어디에서 쇼핑을 하나요? 인기 있는 쇼핑 장소가 있나요?

= Gdzie zwykle robi pan zakupy?

당신은 보통 어디에서 쇼핑을 하나요?

= Jakie są popularne miejsca na zakupy w Polsce lub w Korei?

폴란드에 혹은 한국에 인기 있는 쇼핑 장소가 있나요?

34. Co najczęściej pan kupuje?

당신은 무엇을 가장 자주 구입하나요?

= Co zwykle pan kupuje do jedzenia/do domu?

보통 식료품/집에 필요한 것 중 무엇을 구입하는 편인가요?

35. Czy ma pan dużo znajomych?

당신은 지인이 많나요?

= Czy ma pan dużo przyjaciół?

당신은 친한 친구가 많나요?

36. Co najczęściej robi pan ze znajomymi?

지인과 무엇을 자주 하는 편인가요?

= Jak spędza pan czas z przyjaciółmi?

어떻게 친구와 시간을 보내나요?

37. Czy kłóci się pan ze znajomymi? Czy kłóci się pan z rodziną?

지인과 다투기도 하나요? 가족과 다투기도 하나요?

= Czy czasami kłóci się pan ze znajomymi?

당신은 때때로 지인과 다투나요?

= Czy kłóci się pan od czasu do czasu ze znajomymi?

당신은 가끔 지인과 다투기도 하나요?

38. Proszę opisać pana przyjaciela.

당신의 친한 친구에 대해 묘사해 보세요.

= Czy ma pan przyjaciela?

당신은 친한 친구가 있나요?

= Jak on wygląda?

어떻게 생겼나요?

= Proszę coś o nim opowiedzieć.

그에 대해 묘사해 주세요.

39. Proszę opisać pana wymarzonego przyjaciela/wymarzoną dziewczynę.

당신이 꿈꿔온 친한 친구/여자친구에 대하여 묘사해 주세요.

= Jaki jest pana idealny przyjaciel/idealna dziewczyna?

당신이 생각해온 이상적인 친구/여자친구의 모습은 어떤가요?

40. Czy ma pan marzenia?

당신은 꿈이 있나요?

= Czy ma pan jakieś marzenia?

당신은 어떤 꿈을 갖고 있나요?

= Czy o czymś pan marzy?

당신은 무엇에 대해 꿈꾸나요?

= Czy marzy pan o czymś specjalnym?

당신은 어떤 특별한 것에 대하여 꿈꾸나요?

41. Co chciałby pan robić za 10 lat?

당신은 10년 뒤에 무엇을 하고 싶나요?

= Jakie są pana plany za 10 lat?

당신의 10년 뒤 계획은 무엇인가요?

= Czy ma pan jakieś specjalne plany za 10 lat?

당신은 10년 뒤에 이룰 특별한 계획이 있나요?

42. Czy lubi pan swoją pracę? Czy chciałby pan zmienić pracę?

당신은 자신의 일을 좋아하나요? 당신은 이직하고 싶나요?

= Czy planuje pan zmienić pracę?

당신은 이직할 계획이 있나요?

= Czy ma pan plany dotyczące zmiany pracy?

이직과 관련된 계획이 있나요?

= Co pan myśli o zmianie pracy?

이직에 대해서 생각하고 있는 것이 있나요?

43. Proszę opowiedzieć ciekawą historię o pana pracy.

   당신의 일과 관련해서 있었던 재미있는 일에 대해 묘사해 주세요.

   = Czy w pana pracy wydarzyło się coś specjalnego?

   당신의 회사에서 특별한 무언가가 있었나요?

   = Czy pamięta pan jakąś ciekawą historię z pracy?

   당신 회사에서 일어난 재미있던 일에 대해 기억하나요?

   = Czy pamięta pan jakąś ciekawą historię związaną z pracą?

   일과 관련하여 재미있던 일에 대해 기억나는 것이 있나요?

44. O której zwykle zaczyna pan pracę?

   보통 몇 시에 근무가 시작되나요?

   = O której codziennie zaczyna pan pracę?

   매일 몇 시에 일을 시작하나요?

   = O której zazwyczaj zaczyna pan pracę?

   보통 몇 시에 일을 시작하나요?

45. Czy woli pan pracować sam czy w zespole?

   당신은 혼자서 일하는 것을 좋아하나요 아니면 그룹으로 일하는 것을 선호하나요?

   = Jak pan lubi pracować?

   당신은 어떻게 일하는 것을 좋아하나요?

   = Czy lubi pan pracować sam?

   당신은 혼자서 일하는 것을 좋아하나요?

46. Czy pana koledzy z pracy pana lubią? Dlaczego?

당신의 회사 동료는 당신을 좋아하나요? 이유는?

47. Co uważa pan za swoje mocne strony?

당신이 생각했을 때 자신의 강점은?

= Jakie są pana zalety?

당신의 장점은 무엇인가요?

= Jakie są pana plusy?

당신의 장점은 무엇인가요?

48. Kiedy jest pan szczęśliwy?

당신은 언제 행복한가요?

= W jakich sytuacjach jest pan szczęśliwy?

어떤 상황일 때 당신은 행복한가요?

49. Kiedy jest pan smutny?

당신은 언제 우울한가요?

= W jakich sytuacjach robi się panu smutno?

어떤 상황일 때 당신은 우울해지나요?

50. Co zwykle pana się denerwuje?

당신은 보통 무엇에 화를 내나요?

= W jakich sytuacjach jest pan zdenerwowany?

어떤 상황일 때 화를 내나요?

= Dlaczego się pan denerwuje?

왜 당신은 화를 내나요?

51. Czy jest pan często zestresowany? Dlaczego?

당신은 자주 스트레스를 받나요? 이유는?

= Dlaczego się pan stresuje?

왜 당신은 스트레스를 받나요?

= Czy często się pan stresuje?

당신은 자주 스트레스가 쌓이나요?

= Czy pana praca jest stresująca?

당신의 일은 스트레스인가요?

= Co jest dla pana najbardziej stresujące?

당신에게 가장 스트레스 받는 일은 무엇인가요?

52. Czym najczęściej stresują się Koreańczycy?

한국 사람들은 무엇 때문에 가장 자주 스트레스를 받나요?

= Co jest najbardziej stresujące dla Koreańczyków?

한국 사람들에게 가장 스트레스적인 요소는 무엇인가요?

53. Czy ma pan sposób na odstresowanie się?

스트레스를 푸는 방법이 있나요?

= Czy zna pan jakiś sposób, żeby pozbyć się stresu?

스트레스를 풀기 위한 방법을 알고 있나요?

54. Czy w Seulu jest dużo samochodów? Ile czasu zajmuje panu dojazd do pracy?

서울에는 자동차가 많나요? 회사까지 얼마나 걸리나요?

= Ile samochodów jest w Seulu?

서울에는 몇 대의 차가 있나요?

= Jak długo jedzie pan w Seulu do pracy?

서울에서 회사까지 얼마나 걸리나요?

55. Jakie środki transportu są używane w Korei? Który z nich uważa pan za najwygodniejszy?

한국에서는 어떤 교통수단을 이용하나요? 당신에게 가장 편리한 교통수단은 무엇인가요?

= Jaki jest transport w Seulu?

서울의 대중교통은 어떤가요?

= Jaki środek transportu jest najwygodniejszy?

어떤 교통수단이 가장 편리한가요?

56. Czy w Seulu jest lotnisko?

서울에는 공항이 있나요?

57. Czy wie pan ile godzin leci samolot z Polski do Korei?

폴란드에서 한국까지 몇 시간을 비행하는지 아시나요?

= Jak długo trwa lot z Polski do Korei/z Warszawy do Seulu?

폴란드에서 한국/바르샤바에서 서울까지 비행기 시간이 얼마나 걸리나요?

= Ile trwa lot do Korei?

한국까지의 비행시간은 얼마나 걸리나요?

= Ile trwa podróż do Korei?

한국까지 여행시간은 얼마나 걸리나요?

58. Dlaczego uczy się pan języka polskiego?

당신은 폴란드어를 왜 공부하나요?

= Czy długo uczy się pan języka polskiego?

당신은 폴란드어를 오랫동안 공부하고 있나요?

59. Co będzie pan robić w Polsce?

당신은 폴란드에서 무엇을 할 것인가요?

= Jakie są pana plany w Polsce?

폴란드에서 당신의 계획은 무엇인가요?

= Co chce pan robić w Polsce?

당신은 폴란드에서 무엇을 하고 싶나요?

= Jak długo będzie pan w Polsce?

당신은 폴란드에 얼마나 있을 예정인가요?

60. Kto jest najbardziej znanym Koreańczykiem?

가장 유명한 한국 사람은 누구인가요?

= Kto z Koreańczyków jest popularny na świecie?

한국 사람 중에서 세계적으로 유명한 사람은 누구인가요?

= Czy zna pan jakiegoś popularnego Polaka?

당신은 유명한 폴란드 사람을 알고 있나요?

61. Co warto zobaczyć w Korei?

한국에서 볼만한 것은 무엇인가요?

= Jakie są zabytki w Korei?

한국에 있는 유적지는 어떤가요?

= Jakie są ciekawe miejsca w Korei?

한국에 있는 흥미로운 장소는 어떤가요?

= Co pan poleca do zobaczenia w Korei?

한국의 볼만한 명소 어디를 추천할 수 있나요?

62. W jakim wieku Koreańczycy idą na emeryturę?

한국 사람들은 몇 살에 정년퇴직을 하나요?

= Ile lat mają Koreańczycy gdy idą na emeryturę?

정년퇴직 시 한국 사람 나이는 몇 살인가요?

63. Co Koreańczycy robią na emeryturze? Co pan chciałby robić na emeryturze?

한국 사람들은 정년퇴직 후 무엇을 하나요? 당신은 퇴직 후 무엇을 하고 싶나요?

= Co zwykle Koreańczycy robią na emeryturze?

보통 한국 사람들은 퇴직 후 무엇을 하나요?

64. Czy Koreańczycy często kupują jedzenie na wynos? Jakie jedzenie?

한국 사람들은 테이크아웃 음식을 자주 구매하나요? 어떤 음식?

= Jakie jest popularne jedzenie na wynos w Korei?

한국에서 인기 있는 테이크아웃 음식은 무엇인가요?

= Czy jedzenie na wynos to popularna opcja?

테이크아웃 음식은 인기 있는 선택인가요?

65. Czy trudno jest nauczyć się gotować koreańskie jedzenie?

한국 요리를 배우는 것은 어렵나요?

= Czy trudno jest gotować koreańskie potrawy?

한국 음식을 요리하는 것은 어렵나요?

= Czy pan umie ugotować coś koreańskiego/polskiego?

당신은 한국/폴란드 음식을 요리할 줄 아나요?

= Czy pan wie jak ugotować jakąś koreańską potrawę?

어떻게 한국 음식을 요리하는지 아나요?

폴란드어의 핵심 문법

❶ 명사의 성·수·격

(1) 명사의 성

폴란드어 명사는 '남성명사, 중성명사, 여성명사'로 나누어집니다.

명사의 성	구분	예시
남성명사	자음으로 끝나는 명사	pies 개 lis 여우 lekarz 의사(남) student 대학생(남)
중성명사	모음 o, e, ę, um으로 끝나는 명사	okno 창문 mięso 고기 muzeum 박물관
여성명사	모음 a, i로 끝나는 명사	studentka 대학생(여) kolacja 저녁 식사

☆ 예외 명사

명사의 성	구분	예시
남성명사	a로 끝났지만, 남성명사	kolega 친구(남자) mężczyzna 남자 poeta 시인
여성명사	자음으로 끝났지만, 여성명사	mysz 쥐 twarz 얼굴 noc 밤

(2) 명사의 수

단수와 복수로 나누어집니다.

(3) 명사의 격

격은 각 문장에서 동사와 전치사에 따라 담당하는 역할과 기능이 있습니다. 총 7격(주격, 소유격, 여격, 목적격, 기구격, 장소격, 호격)으로 구분되며, 이 격에 따라 형용사 및 명사의 어미 형태가 변화합니다.

격	활용		주의 사항
1격 : 주격	주어에 해당됨	– To jest + 주격 단수 – To są + 주격 복수	형용사는 명사의 성에 따라 어미 변형이 이루어집니다
2격 : 소유격	1. 소유의 의미 2. 부정문 뒤 3. 수량 표현 뒤	– 소유의 의미 뒤 – 소유격에 해당하는 동사 뒤 – 소유격 전치사 뒤	소유격 형태의 어미로 변화가 이루어집니다
3격 : 여격	'~에게'의 의미인 간접목적어	– '~에게'의 의미 뒤 – 여격에 해당하는 동사 뒤 – 여격 전치사 뒤	여격 형태의 어미로 변화가 이루어집니다

4격 : 목적격	'∼를'의 의미인 직접목적어	– '∼를'의 의미 뒤 – 목적격에 해당하는 동사 뒤 – 목적격 전치사 뒤	목적격 형태의 어미로 변화가 이루어집니다
5격 : 기구격	1. 신분, 자격을 나타낼 때 2. 기구, 도구를 이용할 때 3. 교통수단을 말할 때	– 기구 및 도구 뒤 – 기구격에 해당하는 동사 뒤 – 기구격 전치사 뒤	기구격 형태의 어미로 변화가 이루어집니다
6격 : 장소격	장소를 나타낼 때	– '장소'의 의미 뒤 – 장소격 전치사 뒤	장소격 형태의 어미로 변화가 이루어집니다
7격 : 호격	이름, 신분을 부를 때	규칙에 따라 사람 이름에 변형이 이루어집니다.	

❷ być 동사

영어의 be 동사와 비슷한 być 동사는 인칭대명사의 단수/복수에 따라 변화합니다.

	단수		복수	
1인칭	ja	jestem	my	jesteśmy
2인칭	ty	jesteś	wy	jesteście
3인칭	on/ono/ona	jest	oni/one	są

③ 형용사

폴란드어 형용사는 성·수·격에 따라 어미가 변화합니다. 형용사의 역할은 영어와 마찬가지로 명사를 꾸며주는 역할과 보어로의 서술적인 역할을 합니다.

(1) 명사를 꾸며주는 역할의 형용사

형용사 + 명사
남성명사 (자음) + 남성형용사 (대표어미 y : 형용사가 k 또는 g로 끝난 경우 i)
중성명사 (o, e, ę, um) + 중성형용사 (대표어미 e : 형용사가 k 또는 g로 끝난 경우 ie)
여성명사 (a, i) + 여성형용사 (대표어미 a)

[자주 등장하는 형용사]

	남성	중성	여성
좋은	dobry	dobre	dobra
나쁜	zły	złe	zła
큰	duży	duże	duża
작은	mały	małe	mała

miły chłopak 친절한 남자친구
miłe dziecko 친절한 아이
miła dziewczyna 친절한 여자친구

⟺

zły chłopak 나쁜 남자친구
złe dziecko 나쁜 아이
zła dziewczyna 나쁜 여자친구

duży pies 큰 개
duże muzeum 큰 박물관
duża czapka 큰 모자

⟺

mały pies 작은 개
małe muzeum 작은 박물관
mała czapka 작은 모자

(2) 형용사의 서술적 역할

주어 + być 동사 + 보어(형용사)
남성명사 (자음) + być 동사 + 남성형용사 (대표어미 y : 형용사가 k 또는 g로 끝난 경우 i)
중성명사 (o, e, ę, um) + być 동사 + 중성형용사 (대표어미 e : 형용사가, k 또는 g로 끝난 경우 ie)
여성명사 (a, i) + być 동사 + 여성형용사 (대표어미 a)
가리키는 대상이 남성일 때 + być 동사 + 남성형용사
가리키는 대상이 여성일 때 + być 동사 + 여성형용사

On   jest   wysoki   (그는 키가 크다)

주어   3인칭 동사   (남성 형용사) ↓

k로 끝났기 때문에 i가 붙는다.

Dziecko   jest   wysokie   (아이는 키가 크다)

주어   3인칭 동사   (중성 형용사) ↓

Dziecko가 k로 끝났고, o는 중성명사이므로 형용사에 ie가 붙는다.

Ona   jest   wysoka   (그녀는 키가 크다)

주어   3인칭 동사   (여성 형용사) ↓

Ona는 여성이므로 형용사에 a가 붙는다.

Jestem wysoki.   나는 키가 크다. (내가 남자일 때)

Jestem wysoka.   나는 키가 크다. (내가 여자일 때)

④ 주격 복수

(1) 남자명사를 제외한 주격 복수

- 주격 복수에서 남자명사와 비 남자명사를 구분하는 것이 중요합니다.
- 남성명사는 의미에 따라 생물명사와 무생물명사로 나누어지고, 생물명사는 남자명사와 비 남자명사로 나누어집니다.

* 남자명사 : 남성명사에서 남자 사람인 명사

syn (아들) : 남성명사 중 남자 사람이므로 남자명사

* 비 남자명사 : 남성명사에서 남자사람이 아닐 경우

kot (고양이) : 남성명사 중 사람이 아니므로 비 남자명사

남성명사와 남자명사의 차이점을 잘 익혀두세요.

남성명사			중성명사	여성명사
생물		무생물		
남자	비 남자			

	구분 (비 남자/ 무생물)	주격 단수		주격 복수 = 목적격 복수
남성	비 남자	dobry kot 좋은 고양이	➡	dobre koty 좋은 고양이들
		duży pies 큰 개		duże psy 큰 개들
	무생물	nowy telefon 새로운 전화기		nowe telefony 새로운 전화기들
		duży dom 큰 집		duże domy 큰 집들
중성		słodkie ciasto 달콤한 케이크		słodkie ciasta 달콤한 케이크들
		duże okno 큰 창문		duże okna 큰 창문들
여성		wesoła piosenka 기쁜 노래		wesołe piosenki 기쁜 노래들
		ciekawa bajka 재미있는 동화		ciekawe bajki 재미있는 동화들

⑵ 남자명사의 주격 복수

● 기본적인 복수 어미 : - owie

① 혈연

Syn (아들) → synowie   ojciec (아버지) → ojcowie

mąż (남편) → mężowie

② 직책이나 존칭

pan (당신) → panowie   profesor (교수) → profesorowie

uczeń (학생) → uczniowie

* 경음 → 기능적 연음화된 후에 주격 복수 어미(-y, -i, -e)를 넣음

주격 단수	주격 복수	주격 단수	주격 복수
kolega (친구)	koledzy	student (학생)	studenci
chłopiec (소년)	chłopcy	sąsiad (이웃)	sąsiedzi
sportowiec (운동선수)	sportowcy	dyrektor (부장)	dyrektorzy
kierownik (운전기사)	kierownicy	inżynier (엔지니어)	inżynierzy
Koreańczyk (한국 사람 : 국적)	Koreańczycy	lekarz (의사)	lekarze
aktor (배우)	aktorzy	przyjaciel (친한 친구)	przyjaciele

* 남자 명사의 주격 복수 – 불규칙 명사

주격 단수	주격 복수	주격 단수	주격 복수
człowiek (사람)	ludzie	rok (년 : 해를 세는 단위)	lata
brat (형/오빠/남동생)	bracia	dziecko (아이)	dzieci
dzień (일)	dni	oko (눈)	oczy

❺ 소유격

폴란드어의 소유격은 일반적으로 '소유의 의미'를 나타낼 때 쓰지만, 다양하게 활용할 수도 있습니다. 소유의 의미를 나타낼 때 그 뒤에 소유격을 취하기도 하고, '~를'에 해당되는 목적어일지라도 동사 자체가 소유격을 취하는 동사라면 그 뒤는 소유격 동사로 바뀌게 됩니다. 또한, 목적격 동사 앞에 nie를 넣게 되면 뒤의 문장은 소유격으로 바뀝니다. 폴란드어에서 소유격은 목적격 다음으로 중요한 격변화입니다.

(1) 소유의 의미일 경우 : ~의

우리 엄마의 집 ➡ dom <u>mojej matki</u>

수식 받는 명사 뒤에 위치해서 소유의 의미를 나타내 주며, 그 뒤는 소유격으로 격이 변화됩니다.

(2) Nie(부정어) + 목적격 동사 = 소유격

〈소유격을 가장 쉽게 공부하는 요령〉

① 가장 자주 사용하는 명사의 성을 '남성(생물/무생물)/중성/여성'으로 각각 구분합니다.

② 목적격 서술 : nie를 넣어 소유격으로 바꾸어 연습합니다.

Mam dobry plan. *vs.* Nie mam dobrego planu.

mieć(가지다)는 목적격을 취하므로 ➡ Mam dobry plan. (나는 좋은 계획이 있습니다.)

부정어미인 nie를 삽입하면 ➡ Nie mam dobrego planu. (나는 좋은 계획이 없습니다.)

mieć/mam	구분 (생물/무생물)	mam + 목적격		nie mam + 소유격
남성	생물	Mam dobrego chłopaka.	➡	Nie mam dobrego chłopaka.
	무생물	Mam dobry dom.		Nie mam dobrego domu.
중성		Mam dobre radio.		Nie mam dobrego radia.
여성		Mam dobrą herbatę.		Nie mam dobrej herbaty.

> **Tip!**
> • 목적격 변화형과는 다르게 소유격에서는 남성(무생물)과 중성도 어미형이 변화하는 것을 볼 수 있습니다. 대부분 규칙적으로 변하지만 예외인 경우도 있으며, 특히 여성의 경우 k, g로 끝나는 경우 y가 아닌 -i로 변화함을 알 수 있습니다.

(3) ～이/가 없다

Jest telefon. (전화기가 있다.) ➡ Nie ma telefonu. (전화기가 없다.)

(4) 소유격을 취하는 동사

bać się (두려워하다), brakować (부족하다), oczekiwać (기대하다), odmawiać (거절하다), pilnować (주시하다),

potrzebować (필요하다), słuchać (듣다), szukać (찾다), unikać (피하다), uczyć się (공부하다), życzyć (기원하다)

+ 소유격 어미 변형

bać się (두려워하다)	주격 단수	동사 변형	주격 복수	동사 변형
1인칭	ja	boję się	my	boimy się
2인칭	ty	boisz się	wy	boicie się
3인칭	on/ono/ona	boi się	oni/one	boją się

Boję się egzaminu. 나는 시험이 두렵습니다.

Potrzebuję pomocy. 나는 도움이 필요합니다.

Uczę się języka polskiego. 나는 폴란드어를 공부하고 있습니다.

(5) 소유격을 취하는 전치사

다음 전치사 뒤의 형용사와 명사는 반드시 소유격 어미 활용에 따라 변형이 이루어집니다.

소유격 전치사	예문
bez (～없이)	Bez pieniędzy nie mogę kupić biletu. 돈 없이는 표를 살 수 없습니다.
dla (～를 위해)	Chcę kupić samochód dla mojej matki. 나의 어머니를 위해 자동차를 사고 싶습니다.
u (～집에)	U babci w domu jest duże pianino. 할머니 댁에는 큰 피아노가 있습니다.
do (～에)	Wieczorem często chodzę do kina. 나는 저녁에 자주 극장에 갑니다.
obok (～ 옆에)	Obok szkoły jest dobra restauracja. 학교 옆에는 좋은 식당이 있습니다.
od (～로부터)	Dostałem od dziewczyny piękny prezent. 나는 여자친구로부터 예쁜 선물을 받았습니다.

6 여격

(1) 여격의 의미

간접목적어인 '~에게'의 의미가 있는 것을 여격이라고 합니다. '~에게'의 의미로 쓰일 때는 여격을 활용하고, '~를'에 해당할 때에는 목적격으로 쓸 수 있습니다.

(2) podać + ~에게(여격) + ~를(목적격) : ~에게 ~를 주다

podać라는 동사는 '주다'라는 수여 동사로, '~에게 ~를 주다'라고 표현할 수 있습니다. 이때 주의해야 할 점은 '~에게'에 해당하는 명사는 반드시 여격 어미로 변화해야 하며, '~를'에 해당하는 명사는 목적격으로 써야 합니다. 여격의 여성명사 변화형은 장소격 여성명사와 동일하게 변화합니다.

단수/복수	주격	podać (주다)		구분	형용사	명사
1인칭 단수	ja	podam	**+**	여격 단수		
1인칭 복수	my	podamy		남성	-emu	-owi -u (단음절)
2인칭 단수	ty	podasz		중성	-emu	-u
2인칭 복수	wy	podacie		여성	-ej	-e (경음일 경우) 경음 → 연음화 + e -i (연음, 기능적 연음1) -y (기능적 연음)
3인칭 단수	on/ono/ona	poda		여격 복수		
3인칭 복수	oni/one	podadzą		남성, 중성, 여성	- ym/-im	-om

☆ 규칙!

'경음 → 연음화'된 후에 여격 어미를 넣습니다. 기본 경음이 여격에서는 연음화가 이루어지기 때문에 경음과 짝을 이루는 연음을 잘 익혀두어야 합니다.

⑶ podać 여격 활용

podać + ～에게(여격) + ～를(목적격) : ～에게 ～를 주다			
podać (주다)	～에게(여격)	～를(목적격)	완성 문장
podam	kolega → koledze (친구에게)	gra komputerowa → grę komputerową (컴퓨터 게임)	Podam koledze grę komputerową. 나는 친구에게 컴퓨터 게임을 줄 것이다.
podasz	nauczyciel → nauczycielowi (선생님에게)	piękny kwiat → piękny kwiat (예쁜 꽃)	Podasz nauczycielowi piękny kwiat? 너는 선생님에게 예쁜 꽃을 줄 것이니?
poda	babcia → babci (할머니께)	prezent (선물)	Poda babci prezent. (그/그녀는) 할머니께 선물을 줄 것이다.
podamy	koleżanka → koleżance (친구에게)	smaczna przekąska → smaczną przekąskę (맛있는 간식)	Podamy koleżance smaczną przekąskę. 우리는 친구에게 맛있는 간식을 줄 것이다.
podacie	dziecko → dziecku (아이에게)	nowa piłka → nową piłkę (새로운 공)	Podacie dziecku nową piłkę? 너희들은 아이에게 새로운 공을 줄 것이니?
podadzą	kierowca → kierowcy (운전기사에게)	adres domowy (집 주소)	Oni podadzą kierowcy adres domowy. 그들은 운전기사에게 집 주소를 줄 것이다.

❼ 목적격

목적격은 '~을/를'에 해당하는 격입니다. 폴란드어는 목적격 동사에 따라 뒤에 나오는 형용사와 명사의 어미 변형이 이루어집니다. 동사의 70%는 목적격 동사이므로 다양한 쓰임의 목적격 동사와 활용을 제대로 익혀야 합니다.

(1) 목적격 어순

어순: S + V + O (목적어)

(ja) Mam samochód. 나는 자동차를 가지고 있습니다.
 ①   ②   ③

① 일반적으로 주어는 생략합니다.

② mieć(가지다)의 1인칭 동사를 찾습니다.

③ 목적어에 해당하는 '자동차를'을 삽입합니다.

〈목적격을 가장 쉽게 공부하는 요령〉

① 가장 자주 사용하는 명사의 성을 남성(생물/무생물)/중성/여성으로 각각 구분합니다.

> **Tip!**
> • 폴란드어 격을 공부하기 위해서는 남성명사, 중성명사, 여성명사를 구분하는 것이 중요하며, 특히 남성명사는 살아 움직이는 것(생물)과 살아있지 않은 물체(무생물)를 구분하는 연습이 필요합니다.

남성 생물	chłopak 남자친구, ojciec 아버지, pies 개, kot 고양이
남성 무생물	stół 탁자, dom 집, komputer 컴퓨터, telefon 전화기, długopis 볼펜, samochód 자동차, czas 시간
중성	krzesło 의자, okno 창문, słońce 해, kino 극장, radio 라디오, dziecko 아이
여성	lampa 전등, gazeta 신문, książka 책, kawa 커피, kobieta 여자, dziewczyna 여자친구/소녀, woda 물, matka 어머니, herbata 마시는 차

② 자주 쓰는 폴란드어 동사 'mieć'를 넣어 남성(생물/무생물), 중성, 여성의 변화 규칙을 이해합니다.

(2) mieć : ~를 가지고 있다

폴란드어 동사는 인칭에 따라 원형이 변하며, 각 동사가 지배하는 격에 따라 뒤에 나오는 형용사 및 명사의 어미변화가 이루어집니다. 대부분의 동사가 목적격 동사이며 '~을/를'로 해석됩니다. 목적격 동사 뒤에 나오는 명사/형용사는 목적격으로 어미 활용이 이루어집니다.

단수/복수	주격	mieć (가지다)		구분	형용사 단수	명사 단수
1인칭 단수	ja	mam				
1인칭 복수	my	mamy	＋	남성 생물	-ego	-a
2인칭 단수	ty	masz		남성 무생물	= 주격, 변화 없음	= 주격, 변화 없음
2인칭 복수	wy	macie		중성	= 주격, 변화 없음	= 주격, 변화 없음
3인칭 단수	on/ono/ona	ma		여성	-ą	-ę
3인칭 복수	oni/one	mają				

8 기구격

기구격이란, 기구나 도구를 이용할 때 쓰는 표현을 말합니다. 기구격을 취하는 동사 뒤에 명사와 형용사가 나올 때, 기구격으로 변화합니다. 일반적으로, 도구를 사용하거나 기구를 이용하여 어딘가를 이동할 때는 기구격으로 격 변화를 해야 합니다. 또한, 신분이나 자격을 나타낼 때에는 być 동사 뒤에 기구격을 취합니다.

(1) 교통수단, 방법을 표현할 때

교통수단이나 방법을 표현할 때에는 반드시 동사 뒤에 기구격을 쓰며, 교통수단이므로 그와 어울리는 '타다'동사를 쓰는 것이 일반적입니다.

jechać (타다) + 기구격 (~를 타고 갑니다)			
jechać	변화 전	변화 후	완성 문장
jadę	samochód (자동차)	samochodem	Jadę samochodem do pracy. 나는 직장에 자동차를 타고 간다.

jedziesz	pociąg (기차)	pociągiem	Jedziesz pociągiem na wakacje? 너는 방학에 기차를 타고 가니?
jedzie	taksówka (택시)	taksówką	On jedzie taksówką do biura. 그는 사무실에 택시를 타고 간다.
jedziemy	tramwaj (트램(전차))	tramwajem	Jedziemy tramwajem do centrum. 우리는 시내에 트램(전차)을 타고 간다.
jedziecie	metro (지하철)	metrem	Gdzie jedziecie metrem? 너희들은 지하철을 타고 어디에 가니?
jadą	autobus (버스)	autobusem	Oni jadą autobusem do Krakowa. 그들은 버스를 타고 크라쿠프에 간다.

(2) zostać (~가 되다), być (~이다 + 기구격)

'국적, 직업, 신분'을 나타내며, '~가 되다, ~이다'라는 표현을 할 때에는 명사를 기구격으로 써야 합니다. 예를 들어, 'Chcę zostać nauczycielem(나는 선생님이 되고 싶다)'에서 zostać는 뒤에 기구격을 취하고, nauczyciel(선생님)이 신분을 나타냅니다.

	변화 전	변화 후
	To jest + 주격 명사	주어 + być + 기구격 명사
남성	To jest dobry student. (이분은) 좋은 학생입니다.	On jest dobrym studentem. 그는 좋은 학생입니다.
중성	To jest moje dziecko. (이 사람은) 나의 아이입니다.	Ono jest moim dzieckiem. 그는 나의 아이입니다.
여성	To jest moja córka. (이 사람은) 나의 딸입니다.	Ona jest moją córką. 그녀는 나의 딸입니다.

(3) 기구격을 취하는 동사

기구격을 취하는 아래의 동사 뒤에는 반드시 기구격 활용을 한 형용사와 명사가 나와야 합니다. 반드시 기구격을 써야 한다는 규칙이 있으므로 아래의 동사를 숙지해야 합니다.

기구격 동사 = interesować się (~에 관심이 있다), bawić się (~ 놀다), martwić się (~를 걱정하다), cieszyć się (~로 기쁘다), opiekować się (~를 돌보다), zajmować się (~를 살림하다) + 기구격 명사

기구격을 취하는 동사 + 단수 bawić się, martwić się, cieszyć się, opiekować się, zajmować się			
기구격 동사	변화 전	변화 후	완성 문장
bawić się	nowa zabawka (새로운 장난감)	nową zabawką	Dziecko bawi się nową zabawką. 아이는 새로운 장난감을 가지고 놀고 있습니다.
martwić się	zła pogoda (나쁜 날씨)	złą pogodą	Martwię się złą pogodą. 나는 날씨가 나빠서 걱정이 됩니다.
cieszyć się	nowa bluzka (새로운 블라우스)	nową bluzką	Moja córka cieszy się nową bluzką. 나의 딸은 새로운 블라우스를 받아 기뻐합니다.
opiekować się	moja babcia (나의 할머니)	moją babcią	Opiekuję się moją babcią. 나는 나의 할머니를 돌보고 있습니다.
zajmować się	dom (집)	domem	Zajmuję się domem. 나는 살림을 합니다.

기구격을 취하는 동사 + 복수형 bawić się, martwić się, cieszyć się, opiekować się, zajmować się			
기구격 동사	주격 복수	기구격 복수	완성 문장
interesować się	koreańskie filmy (한국 영화)	koreańskimi filmami	Oni interesują się koreańskimi filmami. 그들은 한국 영화에 관심이 있습니다.
bawić się	lalki (인형들)	lalkami	Dziewczynki bawią się lalkami. 소녀들은 인형을 가지고 놀고 있습니다.
martwić się	chore dzieci (아픈 아이들)	chorymi dziećmi	Martwię się chorymi dziećmi. 나는 아픈 아이들을 걱정합니다.
cieszyć się	nowe prezenty (새로운 선물들)	nowymi prezentami	On cieszy się nowymi prezentami. 그는 새로운 선물들을 받고 기뻐합니다.
opiekować się	chore córki (아픈 딸들)	chorymi córkami	Ona opiekuje się chorymi córkami. 그녀는 아픈 딸들을 돌보고 있습니다.

(4) 기구격 전치사

기구격 전치사	예문
między (∼ 사이에)	Bank jest między apteką a sklepem. 은행은 약국과 가게 사이에 있습니다.
z (∼와 함께)	Chcę porozmawiać z mamą. 나는 엄마와 이야기를 나누고 싶습니다.
za (∼ 뒤에)	Stoję za tobą. 나는 너의 뒤에 서 있습니다.
poza (∼ 밖에)	Jestem poza domem. 나는 집 밖입니다.
przed (∼ 앞에)	Przystanek autobusowy jest przed kawiarnią. 버스 정류장은 커피숍 앞에 있습니다.
pod (∼ 아래에)	Pod biurkiem leży kot. 책상 아래에는 고양이가 누워있습니다.
nad (∼ 위에)	Nad biurkiem wisi plakat. 책상 위에는 포스터가 걸려 있습니다.

⑨ 장소격

장소를 표현할 때는 장소격으로 격변화를 합니다. 다른 격과는 달리 격을 지배하는 동사가 존재하지 않으며, 단지 장소를 나타내는 전치사에 따라서 장소격으로 변화합니다. '∼에'에 해당하는 대표적인 장소격 전치사는 'w, na'가 있습니다. w를 쓰는 경우가 대부분이며, na는 예외로 취급하여 암기하는 것이 중요합니다.

☆ 규칙!

경음 → 연음화된 후에 장소격 어미를 넣습니다. 기본 경음이 장소격에서는 연음화가 이루어지기 때문에 경음과 짝을 이루는 연음을 잘 익혀두어야 합니다.

〈자음 변화표〉

경음	p	b	f	w	t	d	s	z	k	g	ch	m	n	r	ł
↓ 연음	pi	bi	fi	wi	ć ci	dź dzi	ś si	ź zi	ki	gi	chi ś si	mi	ń ni		li
기능적 연음					c cz	dz dż	sz	ż	c cz	ż dż	sz			rz	l

〈장소격 어미 변화형〉

	장소격 단수			장소격 복수	
	형용사	명사		형용사	명사
남성, 중성	-im, -ym	-e (경음일 경우) 경음 ➡ 연음화 + e k, g, ch, 연음, 기능적 연음 ➡ u	-ich/-ych		-ach
여성	-ej	-e (경음일 경우) 경음 ➡ 연음화 + e -i : 연음, 기능적 연음 l, j -y : 기능적 연음			

(1) 장소격 어미 활용

장소격 전치사	성	변화 전	어미 변형 규칙 경음 → 연음화	대표 어미	변화 후
na (~에)	중성	lotnisko 공항	k,g,ch ➡ u	u	na lotnisku
	중성	pierwsze piętro 1층	r ➡ rz	e	na pierwszym piętrze
	중성	spotkanie 모임	연음	u	na spotkaniu
	여성	kolacja 저녁	j	i	na kolacji
	남성	parter 0층	r ➡ rz	e	na parterze
w (~에)	남성	sklep 가게	p ➡ pi	e	w sklepie
	여성	szkoła 학교	ł ➡ l	e	w szkole
	남성	park 공원	k, g, ch ➡ u	u	w parku
	남성	samochód 자동차	ó ➡ o, d ➡ dzi	e	w samochodzie
	중성	miejsce 장소	기능적 연음	u	w miejscu
	여성	winda 엘리베이터	d ➡ dzi	e	w windzie
	여성	kawiarnia 커피숍	연음	i (생략)	w kawiarni
	남성	dom 집	u (예외)	u	w domu

o (~에 대해)	여성	pogoda 날씨	d ➡ dzi	e	o pogodzie
	여성	mama 엄마	m ➡ mi	e	o mamie
	남성	lekarz 의사(남)	기능적 연음	u	o lekarzu
	남성	ojciec 아버지	ie ➡ Ø, 기능적 연음	u	o ojcu
	중성	dziecko 아이	k, g, ch	u	o dziecku
o + 시간	여성	czwarta 4시	ej (형용사 변화)	ej	o czwartej
	여성	piąta 5시	ej (형용사 변화)	ej	o piątej
po (~ 후에)	남성	obiad 점심	d ➡ dzi	e	po obiedzie
	여성	kolacja 저녁	j	i	po kolacji
	여성	impreza 파티	z ➡ zi	e	po imprezie
	중성	śniadanie 아침	연음	u	po śniadaniu
przy (~ 옆에)	남성	komputer 컴퓨터	r ➡ rz	e	przy komputerze
	여성	plaża 해변	기능적 연음	y	przy plaży
	중성	biurko 책상	k, g, ch	u	przy biurku

(2) grać na pianinie : 피아노를 연주합니다

'grać na pianinie'에서 'pianinie'는 grać 동사의 장소격이 아닌, 'na'라는 전치사로 인해서 'pianino → pianinie'로 변형이 이루어집니다. 장소격은 장소 전치사에 따라 격변화가 이루어지기 때문입니다. 그러므로, 「grać + na + 장소격(악기), grać + w + 목적격(스포츠)」로 구분해야 합니다. 즉, grać에 연주는 「na + 장소격」, grać에 스포츠는 「w + 목적격」입니다.

grać + na + 장소격 (~를 연주하다)		
grać na	장소격 (원형)	완성 문장
gram na	pianinie (pianino) (피아노)	Gram na pianinie w domu. 나는 집에서 피아노를 연주합니다.
grasz na	gitarze (gitara) (기타)	Często grasz na gitarze? 너는 기타를 자주 치니?

gra na	komputerze (komputer) (컴퓨터)	On wieczorem gra na komputerze. 그는 저녁에 컴퓨터를 합니다.
gramy na	skrzypcach (skrzypce) (바이올린 (복수))	W szkole gramy na skrzypcach. 학교에서 우리는 바이올린을 연주합니다.
gracie na	flecie (flet) (플루트)	Gracie czasami na flecie? 너희들은 가끔 플루트를 연주하니?
grają na	perkusji (perkusja) (드럼)	Oni grają razem na perkusji. 그들은 함께 드럼을 연주합니다.

⑩ 동사 변형 총집합

(1) -ać형

동사 어미형태에 따라서 1, 2, 3인칭 단수/복수형의 어미 변화가 달라집니다. 동사로 주어를 알 수 있으므로 일반적으로 주어는 생략합니다. 동사원형이 -ać형으로 끝나는 동사는 다음과 같은 규칙으로 어미 형태가 변화됩니다.

rozmawiać (~ 이야기하다)	주격 단수	동사 변형	주격 복수	동사 변형
1인칭	ja	rozmawiam	my	rozmawiamy
2인칭	ty	rozmawiasz	wy	rozmawiacie
3인칭	on/ono/ona	rozmawia	oni/one	rozmawiają

Tip!

• -ać형 활용 동사 : -am, -asz, -a, -amy, -acie, -ają
czytać (~를 읽다), słuchać (~를 듣다), oglądać (~를 보다), pytać (~를 묻다), siadać (앉다), rozmawiać (이야기하다), zaczynać (~를 시작하다), znać (~를 알다), zwiedzać (~를 구경하다)

● -ać형 숙어 표현 동사 + 전치사 + 목적격 어미

폴란드어는「동사 + 전치사」를 만나 숙어를 이루는 경우가 있습니다. 동사 단독으로 쓰이지 않기 때문에, 반드시 전치사와 함께 숙어표현으로 익혀야 합니다.

> **Tip!**
>
> • 동사 + 전치사 + 목적격 명사
>
> grać w((~게임, 스포츠 등)을 하다), czekać na(~를 기다리다)

(2) -yć, -ić형

동사 어미 형태에 따라서 1, 2, 3인칭 단수/복수형의 어미 변화가 달라집니다. 동사원형이 -yć, -ić 형으로 끝나는 동사는 '-ę, -isz/ysz, -i/y, -imy/ymy, -icie/ycie, -ą'의 규칙으로 어미 형태가 변화됩니다.

kończyć (~를 끝내다)	주격 단수	동사 변형	주격 복수	동사 변형
1인칭	ja	kończę	my	kończymy
2인칭	ty	kończysz	wy	kończycie
3인칭	on/ono/ona	kończy	oni/one	kończą

> **Tip!**
>
> • -ić/-yć형 동사의 어미 활용
>
> zobaczyć(~를 보다), tańczyć(춤추다), kończyć(~를 끝내다), uczyć się(~를 공부하다)

(3) -ować, -iwać, -ywać형

동사원형이 -ować, -iwać, -ywać형으로 끝나는 동사는 -uję, -ujesz, -uje, -ujemy, -ujecie, -ują과 같은 규칙으로 어미 형태가 변화됩니다.

pracować (일하다)	주격 단수	동사 변형	주격 복수	동사 변형
1인칭	ja	pracuję	my	pracujemy
2인칭	ty	pracujesz	wy	pracujecie
3인칭	on/ono/ona	pracuje	oni/one	pracują

(4) 단음절 동사

'pić(마시다), myć się(씻다), czuć się(느끼다)'과 같이 동사가 단음절로 끝나는 동사는 -ij-, -yj-, -uj-로
어미가 끝납니다.

pić (마시다)	주격 단수	동사 변형	주격 복수	동사 변형
1인칭	ja	piję	my	pijemy
2인칭	ty	pijesz	wy	pijecie
3인칭	on/ono/ona	pije	oni/one	pija

się으로 끝나는 동사는 일반적으로 목적격을 취하는 타동사가 아니라 자동사인 한 단어로 숙어처럼 외우
는 것이 중요합니다.

myć się (씻다)	주격 단수	동사 변형	주격 복수	동사 변형
1인칭	ja	myję się	my	myjemy się
2인칭	ty	myjesz się	wy	myjecie się
3인칭	on/ono/ona	myje się	oni/one	myją się

(5) 자주 쓰는 불규칙 동사

폴란드어 동사는 동사원형의 어미가 끝나는 형태에 따라서 크게 4가지 동사(-ać형 동사, -ić형 동사,
-ować형 동사, 단음절 동사)로 분류할 수 있습니다. 그러나 경우에 따라서 불규칙 동사들도 있으므로, 외
워두는 것이 좋습니다.

pisać (쓰다)	주격 단수	동사 변형	주격 복수	동사 변형
1인칭	ja	piszę	my	piszemy
2인칭	ty	piszesz	wy	piszecie
3인칭	on/ono/ona	pisze	oni/one	piszą

dać (주다)	주격 단수	동사 변형	주격 복수	동사 변형
1인칭	ja	dam	my	damy
2인칭	ty	dasz	wy	dacie
3인칭	on/ono/ona	da	oni/one	dadzą

bać się (두려워하다)	주격 단수	동사 변형	주격 복수	동사 변형
1인칭	ja	boję się	my	boimy się
2인칭	ty	boisz się	wy	boicie się
3인칭	on/ono/ona	boi się	oni/one	boją się

stać (서 있다)	주격 단수	동사 변형	주격 복수	동사 변형
1인칭	ja	stoję	my	stoimy
2인칭	ty	stoisz	wy	stoicie
3인칭	on/ono/ona	stoi	oni/one	stoją

jeść (먹다)	주격 단수	동사 변형	주격 복수	동사 변형
1인칭	ja	jem	my	jemy
2인칭	ty	jesz	wy	jecie
3인칭	on/ono/ona	je	oni/one	jedzą

brać (가져오다)	주격 단수	동사 변형	주격 복수	동사 변형
1인칭	ja	biorę	my	bierzemy
2인칭	ty	bierzesz	wy	bierzecie
3인칭	on/ono/ona	bierze	oni/one	biorą

spać (자다)	주격 단수	동사 변형	주격 복수	동사 변형
1인칭	ja	śpię	my	śpimy
2인칭	ty	śpisz	wy	śpicie
3인칭	on/ono/ona	śpi	oni/one	śpią

prać (세탁하다)	주격 단수	동사 변형	주격 복수	동사 변형
1인칭	ja	piorę	my	pierzemy
2인칭	ty	pierzesz	wy	pierzecie
3인칭	on/ono/ona	pierze	oni/one	piorą

'가다'라는 의미로 iść와 jechać는 동일한 동사지만 사용 의미가 조금 다릅니다. iść는 '걸어서 가다', jechać는 '무언가를 타고 가다'라는 의미로 구분하여 사용합니다.

iść (가다)	주격 단수	동사 변형	주격 복수	동사 변형
1인칭	ja	idę	my	idziemy
2인칭	ty	idziesz	wy	idziecie
3인칭	on/ono/ona	idzie	oni/one	idą

jechać (타고 가다)	주격 단수	동사 변형	주격 복수	동사 변형
1인칭	ja	jadę	my	jedziemy
2인칭	ty	jedziesz	wy	jedziecie
3인칭	on/ono/ona	jedzie	oni/one	jadą

⑪ 과거형

(1) 과거 동사 변화형

대부분의 동사는 완료형과 불완료형에 관계없이 다음과 같이 규칙적인 기본 형태로 변합니다. 따라서 być 동사 형태의 과거 변화형을 숙지하는 것이 중요하며, 이때 대부분의 동사는 동사원형에서 과거형 어미가 붙습니다.

① 기본 형태 : być

과거 형 대표 어미		być	단수			복수	
단수	복수		남성	여성	중성	남성 사람	이외의 성
-łem -łam	-liśmy -łyśmy	1인칭	byłem	byłam		byliśmy	byłyśmy
-łeś -łaś	-liście -łyście	2인칭	byłeś	byłaś		byliście	byłyście
-ł -ła -ło	-li -ły	3인칭	był	była	było	byli	były

Wczoraj wieczorem byłem na randce z piękną dziewczyną.

어제 저녁 나는 예쁜 여자친구와 데이트를 했다.

Moja mama była bardzo zajęta i nie miała czasu, żeby gotować obiad.

나의 엄마는 너무 바빠서 점심을 요리할 시간이 없었다.

② mieć : ~를 가지다

mieć	단수			복수	
	남성	여성	중성	남자 사람	그 외의 성
1인칭	miałem / miałam			mieliśmy	miałyśmy
2인칭	miałeś / miałaś			mieliście	miałyście
3인칭	miał / miała / miało			mieli	miały

> **Tip!**
>
> • 동사 변형 연습 단어
>
> chcieć(원하다), musieć(해야 한다), słyszeć(들리다), zapomnieć(잊다), rozumieć(이해하다), widzieć(보다), powiedzieć(말하다), siedzieć(앉다)

Czy rano miałeś dużo pracy w biurze?

아침 시간에 사무실에 일이 많이 있었니?

Miałam zły humor, ponieważ mój mąż pojechał sam na wycieczkę.

남편이 혼자 여행을 떠나서 나는 기분이 좋지 않았다.

③ musieć : ~해야만 한다

musieć	단수			복수	
	남성	여성	중성	남자 사람	그 외의 성
1인칭	musiałem / musiałam			musieliśmy	musiałyśmy
2인칭	musiałeś / musiałaś			musieliście	musiałyście
3인칭	musiał / musiała / musiało			musieli	musiały

W weekend musieliśmy posprzątać dom i ogród.

주말에 우리는 집과 정원을 청소해야만 했다.

Musieliśmy nagle wyjechać i zapomnieliśmy przygotować jedzenie dla kota.

우리는 갑자기 떠나야만 해서 고양이를 위한 음식을 준비하는 것을 잊어버렸다.

④ móc : ~할 수 있다

móc	단수			복수	
	남성	여성	중성	남자 사람	그 외의 성
1인칭	mogłem / mogłam			mogliśmy	mogłyśmy
2인칭	mogłeś / mogłaś			mogliście	mogłyście
3인칭	mógł / mogła / mogło			mogli	mogły

Dlaczego nie mogłeś odebrać telefonu?

너는 왜 전화를 받을 수 없었니?

Dziecko nie mogło zrobić trudnego zadania domowego.

아이는 어려운 숙제를 할 수 없었다.

⑤ jeść : [불규칙] ~를 먹다

jeść	단수			복수	
	남성	여성	중성	남자 사람	그 외의 성
1인칭	jadłem / jadłam			jedliśmy	jadłyśmy
2인칭	jadłeś / jadłaś			jedliście	jadłyście
3인칭	jadł / jadła / jadło			jedli	jadły

W sobotę jedliście kolację w domu czy w restauracji?

너희들은 토요일에 집에서 저녁을 먹었니 아니면 음식점에서 저녁을 먹었니?

Rano nie jadłem śniadania i jestem bardzo głodny.

아침에 식사를 하지 못해서 나는 매우 배가 고프다.

⑥ iść : [불규칙] (걸어서) 가다

iść	단수			복수	
	남성	여성	중성	남성 사람	그 외의 성
1인칭	szedłem / szłam			szliśmy	szłyśmy
2인칭	szedłeś / szłaś			szliście	szłyście
3인칭	szedł / szła / szło			szli	szły

Przedwczoraj szliśmy do kina i spotkaliśmy tam naszego nauczyciela.

그저께 우리는 극장에 갔었는데 그곳에서 우리 선생님을 우연히 만났었다.

Rano widziałem mamę przed centrum handlowym, czy ona szła robić zakupy?

나는 아침에 백화점 앞에서 엄마를 보았는데, 엄마는 장 보러 갔었니?

⑫ 완료형 vs. 불완료형

불완료형 동사는 과거시제와 미래시제에 상관이 없이 동작이 끝나지 않고 반복되는 것을 의미하며, 완료형 동사는 과거시제와 미래시제에 상관이 없이 단발성으로 완료가 된 것을 의미합니다.

미래형으로 만들 경우 :
① być 미래형 + (불완료형) 동사원형 = 반복적으로 쓰는 미래형
② 완료형 동사의 현재형 = (단발성) 미래로 표현이 가능

⑴ 불완료형 동사란?

> być 미래형 + (불완료형) 동사원형 = 반복적으로 쓰는 미래형

과거/현재/미래 시제에서 어떠한 행위가 계속적, 습관적, 반복적으로 행해질 때 사용합니다. 그러나 행위가 반복적이지 않고 일회성인 경우가 있습니다. 이때 완료형 동사를 사용해서 미래를 나타낼 수 있습니다.

(2) 완료형 동사란?

> 완료형 동사의 현재형 = (단발성) 미래를 나타냄

과거에 이미 일어나서 행위가 끝났거나, 미래에 한 번 일어나 끝나게 될 동작을 나타낼 때, 이를 '완료형 동사'라고합니다. 따라서, 완료형 동사를 현재로 쓰게 되면 미래에 한 번 일어난다는 의미가 됩니다.

⑬ 미래형

폴란드어에는 '접두사'와 '불완료형 동사'가 결합하여 '완료형 동사(미래)'를 만드는 규칙이 있습니다.

> 접두사 + 불완료형 동사 = 완료형 동사(미래)

(1) podpisać : ~에 서명을 하다

pod + pisać = podpisać	주격 단수	동사 변형	주격 복수	동사 변형
1인칭	ja	podpiszę	my	podpiszemy
2인칭	ty	podpiszesz	wy	podpiszecie
3인칭	on/ono/ona	podpisze	oni/one	podpiszą

또한, 미래에 한 번 일어나 끝나게 될 동작을 나타낼 때, 완료형 동사를 사용합니다. 그러므로 완료형 동사를 현재형으로 쓰게 되면 미래에 한 번 일어난다는 의미가 됩니다. 접두사의 규칙은 정확한 것이 없으며, 다음의 동사를 기반으로 암기가 필요합니다.

접두사 + 불완료형 동사 = 완료형 동사(미래)			
접두사	불완료형	완료형	완성 문장
z- s-	robić (하다)	zrobić	Za chwilę zrobię zadanie domowe. 나는 잠시 후에 숙제를 할 것이다.
	jeść (먹다)	zjeść	Za chwilę zjem śniadanie. 나는 잠시 후에 아침을 먹을 것이다.
	kończyć (끝내다)	skończyć	Skończę zaraz moją pracę. 나는 곧 나의 일을 끝낼 것이다.

po	szukać (찾다)	poszukać	Poszukam nowej pracy. 나는 새로운 직업을 찾을 것이다.
	jechać (타고 가다)	pojechać	Nagle pojadę do Krakowa. 나는 갑작스럽게 크라쿠프에 갈 것이다.
	prosić (~ 해 주세요)	poprosić	Poproszę rachunek. 영수증 좀 주세요.
na	pisać (쓰다)	napisać	Napiszę umowę. 나는 계약서를 작성할 것이다.
	uczyć się (공부하다)	nauczyć się	Nauczę się języka polskiego. 나는 폴란드어를 공부할 것이다.
u	gotować (요리하다)	ugotować	Ugotuję koreańską potrawę dla ciebie. 나는 너를 위해 한국 음식을 요리할 것이다.
prze	czytać (읽다)	przeczytać	Przeczytam zaraz całą książkę. 나는 곧 책 한 권을 모두 읽을 것이다.

완료동사와 함께 쓰면 잘 어울리는 부사

nagle (갑자기), zaraz (곧),
za chwilę (잠시 후에), natychmiast (즉시)

(2) spotkać się *vs.* spotykać się (~를 만나다)

Spotkać się는 일회성으로 한 번 만난 것이며, 중간에 y가 삽입된 spotykać się는 불완료 동사로 반복적이고 습관적일 때 쓰는 표현입니다. 비슷하게 보여도 의미상의 차이가 있습니다.

spotkać się (완료동사)	주격 단수	동사 변형	주격 복수	동사 변형
1인칭	ja	spotkam się	my	spotkamy się
2인칭	ty	spotkasz się	wy	spotkacie się
3인칭	on/ono/ona	spotka się	oni/one	spotkają się

spotykać się (불완료 동사)	주격 단수	동사 변형	주격 복수	동사 변형
1인칭	ja	spotykam się	my	spotykamy się
2인칭	ty	spotykasz się	wy	spotykacie się
3인칭	on/ono/ona	spotyka się	oni/one	spotykają się

Tip!

- 「spotkać + 목적격」은 '우연히 ~를 만나다'라는 의미가 됩니다. 반면 spotkać się은 약속을 정한 계획적인 만남을 의미합니다. 이 두 표현은 반드시 구분해서 사용해야 하므로 암기해 두세요.

(3) powiedzieć 미래 완료형

powiedzieć (말하다)	주격 단수	동사 변형	주격 복수	동사 변형
1인칭	ja	powiem	my	powiemy
2인칭	ty	powiesz	wy	powiecie
3인칭	on/ono/ona	powie	oni/one	powiedzą

Powiem gdzie jest bank.　　은행이 어디에 있는지 이야기해 줄게요.

Powiesz co czytasz?　　네가 무엇을 읽고 있는지 이야기해 줄래?

● 형태가 변하는 불규칙 완료형 동사

불완료형	완료형 (미래 : ~할 것이다)	완성 문장
wracać (돌아가다)	wrócić (돌아갈 것이다)	Zaraz wrócę do domu. 나는 곧 집으로 돌아갈 것이다.
kupować (사다)	kupić (살 것이다)	Kupię nowy telefon. 나는 새로운 전화기를 살 것이다.
dawać (주다)	dać (줄 것이다)	Dam ci interesującą książkę. 나는 너에게 재미있는 책을 줄 것이다.

zarabiać (벌다)	zarobić (벌 것이다)	Zarobię dużo pieniędzy. 나는 돈을 많이 벌 것이다.
iść (가다)	pójść (갈 것이다)	Pójdę do kuchni po kawę. 나는 커피를 가지러 부엌에 갈 것이다.
mówić (말하다)	powiedzieć (말할 것이다)	Powiedzą gdzie mieszkają. (그들/그녀들은) 어디에 살고 있는지 말할 것이다.
widzieć (보다)	zobaczyć (볼 것이다)	Zobaczę czy mam bilet. 나는 표가 있는지 살펴볼 것이다.

● być 미래형 (~할 것이다)

być (~이다)	주격 단수	동사 변형	주격 복수	동사 변형
1인칭	ja	będę	my	będziemy
2인칭	ty	będziesz	wy	będziecie
3인칭	on/ono/ona	będzie	oni/one	będą

〈미래형 동사를 만드는 방법〉

być 미래형 + (불완료형) 동사원형

być 미래형 동사에 동사원형을 넣는 방법입니다. 이때, 동사원형은 불완료형 동사만 넣을 수 있습니다. 불완료형 동사는 과거·현재·미래 시제에서 어떠한 행위가 계속적, 습관적, 반복적으로 행해질 때 사용합니다.

być 미래형 + (불완료형) 동사원형		
być 미래동사	동사원형	완성 문장
będę	kończyć (끝내다)	Będę kończyć raport miesięczny. 나는 월간 리포트를 끝낼 것이다.
będziesz	jechać (타고 가다)	Będziesz codziennie jechać do pracy samochodem? 너는 회사에 매일 자동차를 타고 갈 것이니?

będzie	uczyć się (공부하다)	Będzie cały czas uczyć się języka angielskiego. (그/그녀는) 종일 영어를 공부할 것이다.
będziemy	gotować (요리하다)	Będziemy czasami gotować koreańskie jedzenie. 우리는 가끔 한국 음식을 요리할 것이다.
będziecie	czytać (읽다)	Będziecie dzisiaj czytać gazetę? 너희들은 오늘 신문을 읽을 것이니?
będą	tańczyć (춤추다)	Będą długo tańczyć na imprezie. (그들/그녀들은) 파티에서 오랫동안 춤을 출 것이다.

불완료 동사와 함께 쓰면 잘 어울리는 부사

cały czas (종일). często (자주), ciągle (계속해서), zawsze (항상),
nieraz (여러 번), długo (오랫동안), zwykle (보통), czasami (가끔)

기초 단어

■ 시간 czas

시간을 표현하는 방법은 공식적인 표현과 비공식적인 표현이 있습니다. 예를 들어 오후 2시를 표현할 때, 2시와 14시가 있습니다. 폴란드에서 공식적인 표현은 14시입니다.

시간	주격 (-a) : 몇 시	na + 목적격 (-ą) : 몇 시로	o + 장소격 (-ej) : 몇 시에
1:00	pierwsza	na pierwszą	o pierwszej
2:00	druga	na drugą	o drugiej
3:00	trzecia	na trzecią	o trzeciej
4:00	czwarta	na czwartą	o czwartej
5:00	piąta	na piątą	o piątej
6:00	szósta	na szóstą	o szóstej
7:00	siódma	na siódmą	o siódmej
8:00	ósma	na ósmą	o ósmej
9:00	dziewiąta	na dziewiątą	o dziewiątej
10:00	dziesiąta	na dziesiątą	o dziesiątej
11:00	jedenasta	na jedenastą	o jedenastej
12:00	dwunasta	na dwunastą	o dwunastej
13:00	trzynasta	na trzynastą	o trzynastej
14:00	czternasta	na czternastą	o czternastej
15:00	piętnasta	na piętnastą	o piętnastej
16:00	szesnasta	na szesnastą	o szesnastej
17:00	siedemnasta	na siedemnastą	o siedemnastej
18:00	osiemnasta	na osiemnastą	o osiemnastej
19:00	dziewiętnasta	na dziewiętnastą	o dziewiętnastej
20:00	dwudziesta	na dwudziestą	o dwudziestej
21:00	dwudziesta pierwsza	na dwudziestą pierwszą	o dwudziestej pierwszej
22:00	dwudziesta druga	na dwudziestą drugą	o dwudziestej drugiej
23:00	dwudziesta trzecia	na dwudziestą trzecią	o dwudziestej trzeciej
24:00	dwudziesta czwarta	na dwudziestą czwartą	o dwudziestej czwartej

Przepraszam, która jest godzina? 실례지만, 지금 몇 시입니까?

Jest 11:30(jedenasta trzydzieści). 지금은 11시 반입니다.

■ 숫자(기수) cyfra (liczby)

0	zero	30	trzydzieści
1	jeden	31	trzydzieści jeden
2	dwa	32	trzydzieści dwa
3	trzy	33	trzydzieści trzy
4	cztery	34	trzydzieści cztery
5	pięć	35	trzydzieści pięć
6	sześć	40	czterdzieści
7	siedem	50	pięćdziesiąt
8	osiem	60	sześćdziesiąt
9	dziewięć	70	siedemdziesiąt
10	dziesięć	80	osiemdziesiąt
11	jedenaście	90	dziewięćdziesiąt
12	dwanaście		
13	trzynaście	100	sto
14	czternaście	200	dwieście
15	piętnaście	300	trzysta
16	szesnaście	400	czterysta
17	siedemnaście	500	pięćset
18	osiemnaście	600	sześćset
19	dziewiętnaście	700	siedemset
20	dwadzieścia	800	osiemset
21	dwadzieścia jeden	900	dziewięćset
22	dwadzieścia dwa		
23	dwadzieścia trzy	1,000 (천)	tysiąc
24	dwadzieścia cztery	10,000 (만)	dziesięć tysięcy
25	dwadzieścia pięć	100,000 (십만)	sto tysięcy
26	dwadzieścia sześć	1,000,000 (백만)	milion
27	dwadzieścia siedem	10,000,000 (천만)	dziesięć milionów
28	dwadzieścia osiem	100,000,000 (억)	sto milionów
29	dwadzieścia dziewięć	1,000,000,000 (십억)	miliard

기초 단어

■ 숫자(서수) cyfra (liczebnik porządkowy)

첫 번째	pierwszy	여섯 번째	szósty
두 번째	drugi	일곱 번째	siódmy
세 번째	trzeci	여덟 번째	ósmy
네 번째	czwarty	아홉 번째	dziewiąty
다섯 번째	piąty	열 번째	dziesiąty

* 서수의 경우, 형용사로 취급하여 뒤에 나오는 명사에 따라 남성/중성/여성으로 바뀝니다.

⑩ pierwszy/pierwsze/pierwsza

■ 요일 dzień tygodnia

월요일	화요일	수요일	목요일	금요일	토요일	일요일
poniedziałek	wtorek	środa	czwartek	piątek	sobota	niedziela

월요일에	화요일에	수요일에	목요일에	금요일에	토요일에	일요일에
w poniedziałek	we wtorek	w środę	w czwartek	w piątek	w sobotę	w niedzielę

* 요일에 대해 표현할 경우, '~에'라는 전치사 w를 함께 사용합니다. 이때 w 뒤에는 '목적격'이 위치합니다.

■ 월 miesiąc

1월	styczeń	7월	lipiec
2월	luty	8월	sierpień
3월	marzec	9월	wrzesień
4월	kwiecień	10월	październik
5월	maj	11월	listopad
6월	czerwiec	12월	grudzień
1월에	w styczniu	7월에	w lipcu
2월에	w lutym	8월에	w sierpniu
3월에	w marcu	9월에	we wrześniu
4월에	w kwietniu	10월에	w październiku
5월에	w maju	11월에	w listopadzie
6월에	w czerwcu	12월에	w grudniu

* 월에 대해 표현할 경우, '~에'라는 전치사 w를 함께 사용합니다. 이때 w 뒤에는 '장소격'이 위치합니다.

■ 기간 okres (czasu)

그저께	przedwczoraj	주	tydzień
어제	wczoraj	주말	weekend
오늘	dzisiaj	이번 주	ten tydzień
내일	jutro	월	miesiąc
내일 모레	pojutrze	이번 달	ten miesiąc
하루 종일	cały czas	지난 달	zeszły miesiąc
매일	codziennie	연	rok
오후	po południu	올해	ten rok
밤	noc	작년	zeszły rok

■ 색깔 kolory

빨간색	czerwony	흰색	biały
파란색	niebieski	보라색	fioletowy
초록색	zielony	회색	szary
분홍색	różowy	주황색	pomarańczowy
검은색	czarny	갈색	brązowy

■ 날씨 pogoda

봄	wiosna	바람	wiatr
여름	lato	태풍	tajfun
가을	jesień	천둥	grzmot
겨울	zima	번개	błyskawica
눈	śnieg	습한	wilgotny
비	deszcz	건조한	suchy
우박	grad	좋은 날씨	dobra pogoda

■ 가족 rodzina

부모님	rodzice	형제, 자매	rodzeństwo
할아버지	dziadek	아버지 / 아빠	ojciec / tata
할머니	babcia	어머니 / 엄마	matka / mama

아들	syn	남편	mąż
딸	córka	아내	żona
손자	wnuk	남동생, 형, 오빠	brat
손녀	wnuczka	여동생, 누나, 언니	siostra
사위	zięć	삼촌, 외삼촌, 고모부, 이모부	wujek
며느리	synowa	고모, 이모	ciotka
사촌(남)	kuzyn	사촌(여)	kuzynka

■ 기념일/명절 święta

명절	święto	새해	Nowy Rok
부활절	Wielkanoc	크리스마스	Boże Narodzenie
아버님날	Dzień Ojca	어머님날	Dzień Matki
어린이날	Dzień Dziecka	제헌절	Święto Konstytucji
국기의 날	Dzień Flagi	독립 기념일	Dzień Niepodległości
만성절	Dzień Wszystkich Świętych	스승의 날	Dzień Nauczyciela

■ 국가/국적 państwo/narodowość

나라		형용사 (남성/중성/여성) : ~의	사람 (남, 여) : ~ 사람
폴란드	Polska	polski / polskie / polska	Polak / Polka
대한민국	Korea Południowa	koreański / koreańskie / koreańska	Koreańczyk / Koreanka
미국	Stany Zjednoczone	amerykański / amerykańskie / amerykańska	Amerykanin / Amerykanka
캐나다	Kanada	kanadyjski / kanadyjskie / kanadyjska	Kanadyjczyk / Kanadyjka
러시아	Rosja	rosyjski / rosyjskie / rosyjska	Rosjanin / Rosjanka
독일	Niemcy	niemiecki / niemieckie / niemiecka	Niemiec / Niemka
프랑스	Francja	francuski / francuskie / francuska	Francuz / Francuzka
스페인	Hiszpania	hiszpański / hiszpańskie / hiszpańska	Hiszpan / Hiszpanka
이탈리아	Włochy	włoski / włoskie / włoska	Włoch / Włoszka
일본	Japonia	japoński / japońskie / japońska	Japończyk / Japonka
중국	Chiny	chiński / chińskie / chińska	Chińczyk / Chinka
베트남	Wietnam	wietnamski / wietnamskie / wietnamska	Wietnamczyk / Wietnamka

■ 직급 stanowisko

사장	prezes	매니저	menedżer
직원	pracownik	팀장	team leader
대리	zastępca menedżera	아르바이트생	pracownik dorywczy

■ 전공 kierunki studiów

국문학	filologia polska	경영학	administracja
경제학	ekonomia	철학	filozofia
법학	prawo	역사학	historia
국제관계학	stosunki międzynarodowe	정치학	politologia
사회학	socjologia	컴퓨터공학	informatyka
의학	medycyna	언론정보학	dziennikarstwo

■ 집 dom

부엌	kuchnia	지하실	piwnica
침실	sypialnia	지붕	dach
욕실	łazienka	창문	okno
차고	garaż	발코니	balkon
문	drzwi	정원	ogród
계단	schody	펜스	ogrodzenie
거실	salon	잔디	trawnik
다락	poddasze	우편함	skrzynka na listy

■ 방 pokój

책상	biurko	침대	łóżko
옷장	szafa	서랍장	szuflada
책장	biblioteczka / regał na książki	텔레비전	telewizor
라디오	radio	커튼	zasłona
벽	ściana	그림	obraz
자명종 시계	budzik	전화기	telefon

쓰레기통	kosz na śmieci	스탠드	lampka
달력	kalendarz	의자	krzesło
포스터	plakat	카펫	dywan
컴퓨터	komputer	볼펜	długopis
우산	parasol	앨범	album

■ 부엌 kuchnia

가스레인지	kuchenka	전자레인지	kuchenka mikrofalowa
오븐	piekarnik	냉장고	lodówka
싱크대	zlew	식기세척기	zmywarka
식탁	stół	식탁보	obrus
주전자	czajnik	저울	waga
믹서기	mikser	커피 머신기	ekspres do kawy
냄비	garnek	프라이팬	patelnia
토스터기	toster	유리컵	szklanka
접시	talerz	포크	widelec
칼	nóż	숟가락	łyżka
젓가락	pałeczki	냅킨	serwetka
후추	pieprz	소금	sól

■ 욕실 łazienka

욕조	wanna	거울	lustro
수건	ręcznik	세면대	umywalka
드라이기	suszarka (do włosów)	샤워기	prysznic
수도꼭지	kran	샤워 타올	gąbka
비데	bidet	화장지	papier toaletowy
세탁기	pralka	머리 빗	szczotka do włosów
면도기	maszynka do golenia	칫솔	szczoteczka do zębów
치약	pasta do zębów	샴푸	szampon
데오드란트(탈취제)	dezodorant	비누	mydło

■ 성격 chrakter

참을성이 없는	niecierpliwy	무서운	straszny
인내심이 강한	cierpliwy	소심한	bojaźliwy
게으른	leniwy	쾌활한, 활기찬	wesoły, żywy
신중한	poważny	까칠한	szorstki
열정적인	pełen pasji	정직한	szczery

■ 형용사 przymiotniki

	남성	중성	여성		남성	중성	여성
예쁜 (잘생긴)	piękny (przystojny)	piękne	piękna	못생긴	brzydki	brzydkie	brzydka
키가 큰	wysoki	wysokie	wysoka	키가 작은	niski	niskie	niska
마른	chudy	chude	chuda	뚱뚱한	gruby	grube	gruba
친절한	miły	miłe	miła	불친절한	niemiły	niemiłe	niemiła
행복한	szczęśliwy	szczęśliwe	szczęśliwa	슬픈 (불행한)	smutny (nieszczęśliwy)	smutne (nieszczęśliwe)	smutna (nieszczęśliwa)
젊은	młody	młode	młoda	늙은	stary	stare	stara
큰	duży	duże	duża	작은	mały	małe	mała
좋은	dobry	dobre	dobra	나쁜	zły	złe	zła
쉬운	łatwy	łatwe	łatwa	어려운	trudny	trudne	trudna
따뜻한	ciepły	ciepłe	ciepła	추운	zimny	zimne	zimna
맛있는	smaczny	smaczne	smaczna	맛없는	niesmaczny	niesmaczne	niesmaczna
(가격) 싼	tani	tanie	tania	(가격) 비싼	drogi	drogie	droga
흥미로운	ciekawy	ciekawe	ciekawa	지루한	nudny	nudne	nudna
인기 있는	popularny	popularne	popularna	인기 없는	niepopularny	niepopularne	niepopularna
긴	długi	długie	długa	짧은	krótki	krótkie	krótka
건강한	zdrowy	zdrowe	zdrowa	건강하지 않은	niezdrowy	niezdrowe	niezdrowa

기초 단어

■ 장소 miejsce

집	dom	주유소	stacja benzynowa
회사	firma	호텔	hotel
대학교	uniwersytet	공항	lotnisko
백화점	centrum handlowe	박물관	muzeum
마켓	supermarket	미술관	galeria sztuki
상점	sklep	약국	apteka
식당	restauracja	식당	restauracja
공원	park	화장실	toaleta
우체국	poczta	버스 정류장	przystanek autobusowy
약국	apteka	주차장	parking
서점	księgarnia	역	stacja
은행	bank	극장	kino
시청	ratusz	경기장	stadion
병원	szpital / przychodnia	도서관	biblioteka
교회/성당	kościół	인도	chodnik
사원(절)	świątynia	차도	ulica
대사관	ambasada	가로등	latarnia

■ 위치 pozycja

위에	na górze	뒤에	z tyłu
아래	na dole	오른쪽	prawo
안에	w środku	왼쪽	lewo
밖에	na zewnątrz	동쪽	wschód
옆에	obok	서쪽	zachód
사이, 가운데	między	남쪽	południe
앞에	przed	북쪽	północ

■ 교통수단 środek transportu

지하철	metro	배	statek
버스	autobus	오토바이	motocykl
택시	taksówka	자전거	rower
자동차	samochód	트램(전차)	tramwaj
비행기	samolot	기차	pociąg
플랫폼(승강장)	peron	일반권(표)	bilet normalny
학생권(표)	bilet ulgowy	종일권(표)	bilet dobowy
월간권(표)	bilet miesięczny	표 자동 판매기	automat biletowy
검표원	konduktor	도착하다	przyjeżdżać
출발하다	odjeżdżać	환승하다	przesiadać się

■ 취미 hobby

스포츠를 하다	uprawiać sport	춤을 추다	tańczyć
축구를 하다	grać w piłkę nożną	공부하다	uczyć się
농구를 하다	grać w koszykówkę	여행하다	podróżować
테니스를 치다	grać w tenisa	사진을 찍다	robić zdjęcia
골프를 치다	grać w golfa	쇼핑하다	robić zakupy
수영하다	pływać	운전하다	prowadzić samochód
조깅하다	biegać	책을 읽다	czytać książki
요리하다	gotować	영화를 보다	oglądać filmy
노래하다	śpiewać	음악을 듣다	słuchać muzyki
낚시하다	łowić ryby	서핑하다	surfować
쉬다	odpoczywać	구경하다	zwiedzać

■ 하루 일과 rozkład dnia

일어나다	wstawać	쇼핑을 하다	robić zakupy
샤워를 하다 / 씻다	brać prysznic / myć się	빨래를 하다	prać ubrania
이를 닦다	myć zęby	일기를 쓰다	pisać pamiętnik
옷을 입다	ubierać się	산책하다	spacerować
커피를 마시다	pić kawę	통화하다	rozmawiać przez telefon

면도하다	golić się	아침/점심/저녁을 먹다	jeść śniadanie/obiad/ kolację
일하다	pracować	화장하다	robić makijaż

■ 식품 żywność

빵	chleb	쌀	ryż
치즈	ser	생선	ryba
고기	mięso	양념	przyprawa
잼	dżem	설탕	cukier
케이크	ciasto	우유	mleko
차	herbata	커피	kawa
주스	sok	물(미네랄 워터)	woda mineralna
맥주	piwo	와인	wino

■ 과일 owoce

사과	jabłko	딸기	truskawka
바나나	banan	레몬	cytryna
복숭아	brzoskwinia	배	gruszka
수박	arbuz	자두	śliwka
오렌지	pomarańcza	체리	wiśnia
포도	winogrono	블루베리	jagoda

■ 채소 warzywa

토마토	pomidor	피망	papryka
양배추	kapusta	파	por
상추	sałata	오이	ogórek
양파	cebula	시금치	szpinak
감자	ziemniak	마늘	czosnek

■ 옷 ubranie

남자 옷	ubrania męskie	여자 옷	ubrania damskie
점퍼	kurtka	코트	płaszcz
자켓	marynarka	블라우스	bluzka
스웨터	sweter	원피스	sukienka
셔츠	koszula	치마	spódnica
넥타이	krawat	브래지어	biustonosz
티셔츠	koszulka	속옷	bielizna
바지	spodnie	청바지	jeansy
양말	skarpetki	스타킹	rajstopy
구두	buty	하이힐	szpilki

■ 액세서리 akcesoria

안경	okulary	벨트	pasek
반지	pierścionek	귀걸이	kolczyk
팔찌	bransoletka	목도리	szalik
모자	czapka	장갑	rękawiczka

■ 병원/약국 szpital i apteka

병원	szpital	보건소	przychodnia
약국	apteka	환자	pacjent
의사 (남/여)	lekarz / lekarka	항생제	antybiotyk
약	lekarstwo	알약	tabletka
안약	krople do oczu	연고	maść
붕대	bandaż	처방전	recepta

■ 아픈 증상 objawy choroby

아프다	chorować, być chorym	열이 나다	mieć gorączkę
기침하다	kaszleć, mieć kaszel	두통이 있다	mieć ból głowy
콧물이 나다	mieć katar	수술을 받다	mieć operację

기초 단어

■ 몸 ciało

머리	głowa	목	szyja
코	nos	입	usta
목구멍	gardło	팔	ręka
어깨	ramię	팔꿈치	łokieć
손바닥	dłoń	손가락	palec
손톱	paznokieć	가슴	pierś
등 (복수)	plecy	배	brzuch
허벅지	udo	무릎	kolano
종아리	łydka	발목	kostka
다리	noga	발바닥	stopa

■ 직업 (남/녀 구별) zawody

	남성	여성		남성	여성
배우	aktor	aktorka	작가	pisarz	pisarka
의사	lekarz	lekarka	회계사	księgowy	księgowa
선생님	nauczyciel	nauczycielka	간호사	pielęgniarz	pielęgniarka
기자	dziennikarz	dziennikarka	경찰관	policjant	policjantka
웨이터/웨이터리스	kelner	kelnerka	요리사	kucharz	kucharka

■ 직업 (남/녀 구별 없이 사용)

건축가	architekt	음악가	muzyk
교수	profesor	운전기사	kierowca
사진작가	fotograf	조종사	pilot
기술자	inżynier	변호사	prawnik

■ 기타 inne

	남성	여성
학생	student	studentka
정년퇴직자	emeryt	emerytka
실업자	bezrobotny	bezrobotna

■ 줄임 표현 skróty

뜻	원어	줄임 표현
등등	i tak dalej	itd.
예를 들어	na przykład	np.
박사/선생	doktor	dr.
번호	numer	nr.
페이지	strona	str.
소위	tak zwany	tzw.
거리	ulica	ul.
즉	to jest	tj.

● 한눈에 보는 격 정리

구분	의미/활용	어미변형(단수)			어미변형(복수)			동사	전치사	인칭대명사	
1격 주격	주어에 해당됨	= 변화 없음			남자명사	-e / -i / -y	경음→연음+y, i / -owie	być		Ja	My
					비 남자명사	-e	-y,-i			Ty	Wy
					중성명사	-e	-a			On	Oni
					여성명사	-e	-y, -i			Ono	One
										Ona	
2격 소유격	1. 소유의 의미 2. 부정문 뒤 3. 수량 표현 뒤	남성생물	-ego	-a	남자명사	-ich / -ych	-ów / -y, -i	bać się, brakować, potrzebować, słuchać, szukać, unikać, uczyć się, pilnować, życzyć, odmawiać, oczekiwać, nabrać	dla, bez, oprócz, u, z, do, koło, obok, od	mnie	nas
		남성무생물	-ego	-u	중성명사		탈락 -y, -i, -ów			ciebie / cię	was
		중성	-ego	-a	여성명사		탈락 -y / -i			jego / niego / go	ich / nich
		여성	-ej	-i / -y						jej / niej	
3격 여격	'~에게'의 의미인 간접목적어	남성	-emu	-owi	남성	-ym / -im	-om	odpowiadać, pomagać, służyć, ufać, wybaczać, wierzyć	dzięki, ku, przeciwko, wbrew, na przekór	mnie / mi	nam
		중성	-emu	-u	중성					tobie / ci	wam
		여성	-ej	경음→연음+e / -i / -y	여성					jemu / niemu / mu	im / nim
										jej / niej	
4격 목적격	'~를'의 의미인 직접목적어	남성생물	-ego	-a	남자명사	-ich / -ych	-ów / -y,-i	czekać na, patrzeć na, prosić o, martwić się o, iść po, dziękować za, wierzyć w, grać w * ~을/~를로 끝나는 대부분의 동사	przez	mnie	nas
		남성무생물	×	×	비 남자명사	-e	-y, -i			ciebie / cię	was
		중성	×	×	중성명사	-e	-a			jego / niego / go	ich / nich
		여성	-ą	-ę	여성명사	-e	-y,-i			je / nie	je / nie
										ją / nią	
5격 기구격	1. 신분, 자격을 나타낼 때 2. 기구, 도구를 이용할 때 3. 교통수단을 말할 때	남성	-ym / -im	-em	남성	-imi / -ymi	-ami	bawić się, zostać, cieszyć się, martwić się, interesować się, opiekować się, zajmować się, rządzić, wyróżniać się	między, nad, ponad, pod, przed, za, poza, z	mną	nami
		중성			중성					tobą	wami
		여성	-ą	-ą	여성					nim	nimi
										nią	
6격 장소격	장소를 나타낼 때	남성	-ym / -im	경음→연음+e / k, g, h + u	남성	-ich / ych	-ach	grać na	na, o, o+시간, po, przy, w	o mnie	o nas
		중성			중성					o tobie	o was
		여성	-ej	경음→연음+e / -i / y	여성					o nim	o nich
										o niej	

Tip! 폴란드어를 공부할 때에는 각 격의 의미, 활용, 동사 및 전치사에 따라 뒤에 나오는 형용사와 명사가 바뀜을 이해하는 것이 중요합니다. 따라서, 폴란드어를 학습할 때에는 상기에 정리해 놓은 활용, 동사, 전치사를 외우고 단수/복수에 따른 어미변형을 익히면 수월하게 접근할 수 있습니다. 대부분의 동사는 목적격 동사임을 감안하여, 목적격 어미 변형은 1차적으로 학습하는 것이 좋습니다.